가스펠 팝과
이야기

가스펠 팝과
이야기

초판 1쇄 발행 2024. 11. 21.

지은이 최제헌
펴낸이 김병호
펴낸곳 주식회사 바른북스

편집진행 김재영
디자인 양헌경

등록 2019년 4월 3일 제2019-000040호
주소 서울시 성동구 연무장5길 9-16, 301호 (성수동2가, 블루스톤타워)
대표전화 070-7857-9719 | **경영지원** 02-3409-9719 | **팩스** 070-7610-9820

•바른북스는 여러분의 다양한 아이디어와 원고 투고를 설레는 마음으로 기다리고 있습니다.

이메일 barunbooks21@naver.com | **원고투고** barunbooks21@naver.com
홈페이지 www.barunbooks.com | **공식 블로그** blog.naver.com/barunbooks7
공식 포스트 post.naver.com/barunbooks7 | **페이스북** facebook.com/barunbooks7

ⓒ 최제헌, 2024
ISBN 979-11-7263-188-8 03230

•파본이나 잘못된 책은 구입하신 곳에서 교환해드립니다.
•이 책은 저작권법에 따라 보호를 받는 저작물이므로 무단전재 및 복제를 금지하며,
이 책 내용의 전부 및 일부를 이용하려면 반드시 저작권자와 도서출판 바른북스의 서면동의를 받아야 합니다.

GOSPEL POP AND STORIES

가스펠 팝과 이야기

최제헌 지음

하나님을 사랑하기를 원하지만 제대로 사랑할 줄 모르는
풋사랑이기에 아직 더듬어 가야 할 길이 먼 내가
발자국이라도 남기고자 하는 것이 아닙니다.

바른북스

하나님을 사랑하기를 원하지만
제대로 사랑할 줄 모르는 풋사랑이기에
아직 더듬어 가야 할 길이 먼 내가
발자국이라도 남기고자 하는 것이 아닙니다.

다만 하나님을 처음 찾는 사람들에게
혹 도움이 되기를 바라고
같은 길을 찾아가는 사람들끼리
한 걸음 한 걸음의 즐거움을 나누고자

우리가 즐겨 듣는 팝송 중에
하나님을 찬양하는 노래와
우리가 크리스천으로서 살아가면서 생각하게 되는
이야기를 엮었습니다.

최제헌

목차

하나님의 영광   9
Crying In the Chapel(예배당에서 울다)

친구   21
You Needed Me(당신은 나를 원했어요)

새로운 시작   33
Why me, Load(왜 저인가요, 주님)

다정한 이름   45
Word On A Wing(날개 위의 말)

뒤돌아보라   59
Bridge Over Troubled Water(험한 물결 위의 다리)

진리   71
Sailing(항해)

인간으로 오신 예수와 시험   81
I Don't Know How to Love Him(그를 어떻게 사랑해야 하는지 모르겠어요)

주의 기도   97
The Lord's Prayer(주기도문)

부활   111
Morning Has Broken(아침이 밝았다)

용서와 기다림   125
Tie A Yellow Ribbon Round The Old Oak Tree(늙은 참나무의 노란 리본)

굴레 탈출   139
Turn Turn Turn(돌고 돌고 돈다)

함께하는 사회   153
Kumbaya: Come By Here(여기 임하소서)

정의, 누가 지키는가?   165
The Battle Hymn of the Republic(공화국 전투 찬가)

완전한 구원   177
When the Saints Go Marching In(성자들의 행진)

성탄(聖誕)   191
When a Child Is Born(어떤 아기가 태어날 때)

천지창조   201
What A Wonderful World(얼마나 놀라운 세상인가)

아버지께 참으로 예배하는 자들은
신령과 진정으로 예배할 때가 오나니
곧 이 때라 아버지께서는 이렇게 자기에게
예배하는 자들을 찾으시느니라

요4:23

하나님의 영광

Crying In the Chapel(예배당에서 울다)

노래 Elvis Presley

1953년 10대의 Darrel Glenn은 아버지 Artie Glenn이 자신을 위하여 만들어 준 노래를 발표했는데 지역사회 중심으로 퍼져나가 점차 전국적으로 알려졌지만, 10년 뒤 Elvis Presley(1935~1977)가 다시 불러서 이지 리스닝 7주 연속 1위, 빌보드 핫 100에서 3위, 영국에서 2주 연속 1위 등을 차지하여 우리에게는 Elvis의 노래로 많이 알려져 있습니다.

You saw me crying in the chapel
당신은 내가 예배당에서 울고 있는 것을 보았죠
The tears I shed were tears of joy
그것은 기쁨의 눈물이었습니다
I know the meaning of contentment Now I am happy with the Lord
나는 충만함의 뜻을 알아요 나는 지금 하나님 안에서 행복합니다
Just a plain and simple chapel Where humble people go to pray
그냥 꾸밈없고 소박한 예배당 가난한 사람들이 기도하러 오는 곳입니다
I pray the Lord that I'll grow stronger As I live from day to day
매일매일을 살아가면서 (믿음이) 더 굳건해지기를 하나님께 기도드렸습니다

I've searched and I've searched But I couldn't find
찾고 또 찾았지만 발견할 수 없었지요
No way to gain peace of mind
이 세상에서 마음의 평화를 얻을 길은 없었습니다
Now I'm happy in the chapel
난 지금 예배당 안에서 행복합니다
Where people are of one accord
사람들이 하나로 일치된 곳
Yes, we gather in the chapel Just sing and praise the Lord
예, 우리는 하나님을 찬송하고 찬미하기 위해 예배당에 모였습니다

You'll search and you'll search But you'll never find
당신은 찾고 또 찾겠지만 당신은 절대 발견할 수 없을 겁니다
No way to gain peace of mind
이 세상에서 마음의 평화를 얻을 길은 없어요
Take your troubles to the chapel Get down on your knees and pray
당신의 문제들을 예배당에서 무릎 꿇고 기도드리세요

Then your burdens will be lighter
그러면 당신의 짐이 가벼워질 겁니다
And you'll surely find the way
그러면 당신은 꼭 답을 찾게 될 겁니다
(And you'll surely find the way)
(그러면 당신은 꼭 답을 찾게 될 겁니다)

이 노래 〈Crying In the Chapel〉이 어느 찬송가보다도 감동적인 Gospel Pop인 것은 말할 필요가 없습니다.

다만 일부 언론의 추측성 보도로 인해 Elvis Presley가 마약중독사 한 것으로 오해하고 있는 분들은 Elvis가 이런 노래를 부른 것이 위선이거나 정서적 충동 때문이라 생각할지 모르겠습니다.

햄버거, 콜라를 좋아했던 Elvis는 1977년 42세의 나이로 죽을 당시 체중은 150kg이 넘었고 고혈압에 시달리고 있었습니다. 마약은 의사의 처방 한도 내에서 각성제나 진정제 정도를 복용했으며 마약을 별도로 구매하지도 않은 것으로 알려져 있습니다.

또한 경찰의 부검에서도 마약은 검출되지 않았다고 합니다.

그래서 사인이 마약중독으로 인한 사고사가 아닌 심장마비로 인한 자연사로 기록되었지만 죽기 전날 치과의사가 Elvis에게 알러지 반응이 있는 약을 처방한 것이 원인이 되었을 수 있어 치과의사는 징계를 받았답니다.

Elvis는 특권을 거부하고 군복무를 마쳤으며, 평소 가난한 사람들을 이해하고 기부도 많이 하였으며 겸손하며 세상에 알려진 것보다 훨씬 건실한 사람이었습니다.

젊은 시절, 트럭 기사와 밤무대 가수로 투잡을 뛰던 Elvis는 흑인들만 제대로 된 느낌을 내는 영역이라 백인들은 좋아하면서도 비천한 장르로 여기던 로큰롤로 데뷔하려 했으나, 음반사들은 백인이 천박한 로큰롤을 부른다는 이유로 취입을 주저했습니다.

가수 오디션에서도 매번 실패하던 Elvis는 아들이 가수로 성공한 것을 보고 싶어 하는 어머니의 생일 선물로 돈 몇 푼 들여서 1953년 〈My Happiness〉 등 자작 음반을 냈지만, 수입을 위해 트럭 기사를 계속해야 했습니다. 그러다

1956년 〈Heartbreak Hotel〉을 발표했는데 이 곡이 빌보드 팝에 10주 연속 1위 등 폭발적인 인기를 얻은 것을 시작으로 빅 히트를 이어가 1972년 그래미 어워드에서 평생공로상을 수상했고, 사후에는 로큰롤 명예의 전당, 컨트리음악 명예의 전당, 가스펠 음악 명예의 전당, 로커빌리 명예의 전당에 헌액되었으며 그가 살았던 그레이스 랜드는 2006년 미국 국가 유적(National Historic Landmark)으로 등록되었습니다.

Elvis가 가스펠 음악 명예의 전당에 오른 이유를 의아하게 생각하시는 분도 많이 계시지요.

그는 찬송가를 많이 불렀는데 하나같이 영혼을 빨아들이는 듯한 진심이 녹아들어 있어서, 영어 가사의 의미를 몰라도 곡만으로도 가슴에 와닿는 울림을 경험할 수 있을 겁니다.

시간을 내서라도 Elvis의 찬송가를 꼭 들어보시기를 추천합니다.

오늘은 '하나님의 영광'에 대해 생각해 보겠습니다.

우리는 "하나님의 영광을 위하여" 또는 "하나님께 영광을 돌린다"라는 말을 많이 듣습니다.

그런데 저는 사람들이 가장 숙연한 표정으로 말하는 '하나님의 영광'이 무슨 말인지 잘 몰랐습니다. 그리고 그것이 진짜 알고 싶어서 이것저것 들여다보았습니다.

바울 선생은 **"그런즉 너희가 먹든지 마시든지 무엇을 하든지 다 하나님의 영광을 위하여 하라**(고 10:31)"고 하셨습니다.

여기 바울 선생이 말씀하시는 "하나님의 영광"은 우리가 가야 할 방향을 제시하고 있는 것 같은데, 그저 목자를 따라 풀을 뜯고 목자를 따라 잠자리에 들 뿐인 한 마리 양이 어떻게 감히 '목자의 영광을 위하여' 운운할 수 있을까요? 목자의 영광은 양이 챙겨주는 것인가요?

분명히 좋은 말씀이고 그렇게 살면 좋겠는데, 뭔가 잡힐 듯 말 듯 합니다.

'하나님의 영광'을 위해 살아야 한다는 말이 도대체 무엇을 어떻게 하라는 말일까?

그런데 나만 헷갈리는 것은 아닌 것 같습니다.

어떤 이들은 '하나님의 영광'을 보게 해달라고 기도하고,

또 어떤 이들은 '하나님의 영광'에 참예하게 해달라고 기도하라 가르칩니다.

그래서 하나님의 영광이 무엇인지 알아야 하겠기에 ***의 교회용어사전에서 찾아보았습니다.

> "영광은 본질적으로 하나님에게 속한 것으로(시 19:1) 오직 하나님만이 영광을 받으실 분이다(사 42:8). 특히 하나님은 자신의 이름(신 28:58; 느 9:5)과 위엄(욥 37:22; 시 93:1; 사 2:10), 권능(출 15:1; 롬 6:4), 역사(시 19:1; 111:3), 거룩함(출 15:11)을 통해 영광을 나타내셨고 (중략) 종말에는 온 세상 중에 하나님의 영광을 인정하는 것이 가득하게 하실 것이다(합 2:14). 그리고 모든 성도는 마지막 날 그 하나님의 영광 앞에 설 것이다(유 1:24)"

무슨 뜻인지 몰라도 가슴이 웅장해지지요? 그런데 다 이런 식입니다.

뭐 세상에 위대한 언어는 다 갖다 붙이고 성경으로 도배하였으니, 여기에 시비를 걸면 무조건 불경이고 역적이 되겠습니다. 마치 "알라후 아크바르(알라는 위대하시다)"를 외치고 반대하면 무조건 나쁜 놈이니 입도 뻥끗 못 하고 수긍해야 하는 것처럼.

제가 보기에 이 좋은 말씀은 그저 21세기 바리새인의 현학(玄學)일 뿐이었습

니다.

'하나님의 영광을 위하여'라는 문장에 대해 해결되지 않은 나의 의문은 아래와 같습니다.

사람의 영광은 공을 세우고 인정받는 것입니다

그래서 어떤 분들은 하나님이 천지를 창조하신 위대함으로 인간에게서 영광을 받으려 하시는 것으로 하나님을 오해하고 있습니다.

자신의 창조물에게 인정받으려고 하신다니, 하나님이 심심해서 임금 놀이 하시려고 천지를 창조하셨을까요?

이는 사람을 창조하신 하나님께 대한 오해이고 모독입니다.

어차피 하나님의 영광은 스스로 빛나고 있는데 우리가 그 영광을 위해서 도대체 무엇을 해야 할까요?

우리의 역할이 실제로 하나님의 영광에 도움은 될까요?

왜 사람들은 스스로 이해도 못 하는 하나님의 영광을 위한다고 하는지 이해하기 어려웠습니다.

신비(神秘)와 권위에 기대려는 사람들의 본성 때문이 아닐까요?

그래서 하나님에게 무조건 무릎 꿇고 지극히 높으신… 비할 바 없이 아름다우신… 눈부신… 등 가장 훌륭한 미사여구로 치장하면 하나님께서 좋아하실 것이라고 생각하는 것 같습니다.

거기다 시편 몇 구절을 배경으로 붙이면 좀 있어 뵈니 감히 누가 시비를 걸 수 있을까요?

이쯤에서 여러분들과 나누려는 이야기를 시작해 보겠습니다.

사람들은 시든 꽃을 다시 바라보지 않지만, 사랑하는 사람에게는 사랑하는 사람이 시들수록 더 애틋하고 아름답습니다.

바로 이것이 하나님이 사람을 하나님의 형상으로 만드신 증거가 아니겠습니까?

먹을 것이 없던 시절, 어른들은 자기 아이가 먹을 것을 잘 먹는 것을 보면 참 즐거워했습니다.

어느 광고에 "아기의 행복은 엄마의 행복"이라는 광고문구도 있었고요.

남자로서 가장 행복한 순간은 내가 내 가족을 행복하게 했다고 생각할 때입니다.

내 존재로 인해 사랑하는 사람이 존재하고 행복한 것, 그것은 주는 이의 행복이자 존재의 보람입니다.

그래서 솔로몬도 **"손자들은 할아버지의 면류관이요 자식들의 영광은 아버지**(잠 17:6)"라고 했나 봅니다.

하나님께서는 어떤 순간에 행복해하시고 어떤 순간을 가장 영광스럽게 여기실까요?

역시 피조물인 사람들이 하나님으로 인하여 행복해하는 순간이 하나님의 가장 행복한 순간이며 하나님이 사람을 창조하신 보람이 될 것이고 이 순간이 바로 하나님의 영광된 순간일 것입니다.

이제 〈Crying In the Chapel〉로 다시 돌아갑니다.

초라한 예배당에 누군가 하나님을 찾아와서 눈물을 흘립니다.

하나님은 이 사람이 찾아온 것을 기뻐하시며 이 사람을 안아주십니다.

그리고 하나님을 만난 이 사람은 눈물을 흘리며 행복해합니다.

이 순간, 하나님도 함께 행복하십니다.

이런 순간을 위해 하나님은 천지를 창조하시어 사람을 만드시고 역사하시는 것입니다.

 이 순간은 하나님이 원하시는 사랑으로 충만된 순간이며, 기쁨의 순간이며, 창조주의 보람이며 영광입니다.

 예수께서 참형을 마다하지 않고 희생하신 이유는, 바로 이 초라한 교회를 찾아와 하나님께 기쁨의 눈물을 흘리는 사람을 맞으시려는 것이었습니다.

 이제 다시 바울 선생의 말씀으로 돌아가 **"그런즉 너희가 먹든지 마시든지 무엇을 하든지 다 하나님의 영광을 위하여 하라**(고 10:31)"고 하신 의미는 항상 하나님께 기뻐하고 감사하라, 그리고 하나님을 모르는 이웃이 하나님을 알고 기뻐하게 하라는 뜻임을 알게 되었습니다.

 하나님의 영광과 그 영광을 위하여 우리가 할 일, 알고 나니 그리 어려운 말이 아니었습니다.

 우리가 하나님으로 인해 행복해하고 기뻐하는 것이 바로 하나님의 영광을 위하는 것이며 하나님을 사랑하는 사람만이 하나님의 영광을 만나게 되는 것입니다.

 알고 나니 참 쉽죠?

 그러나 모든 것이 다 그렇듯 아는 것은 곧 시작입니다.

 행복은 내가 사랑하는 사람으로부터 사랑받을 때 옵니다. 엄마와 아기가 행복한 것도 서로 사랑하기 때문입니다.

 이와 같은 이치로 내가 하나님으로 인해 행복하려면 내가 하나님을 사랑하는 것이 먼저인데, 보이지도 않고 대화도 할 수 없는 하나님을 사랑하는 것은 너무 막연하고 정말 어렵습니다.

 프랑스 지방의 동화『미녀와 야수』에서 야수는 미녀, 벨에게 흉측한 모습을 숨긴 채 지극정성으로 돌보아 줍니다만 벨은 야수에게 두려움 외에는 아무런 감정을 느끼지 못합니다. 그리고 드디어 야수의 흉측한 얼굴을 대했을 때 벨은 무섭고 도망가고 싶었지만, 시간이 지나며 어느 사이에 호기심이 되고 연민이 되고 사랑이 됩니다. 이처럼 사람은 상대를 보든지 대화하든지 상대가 자신의 인식 영역에 들어와야 상대에게 감정을 느끼게 됩니다.

예수께서 부활하신 후, 제자 도마에게 "너는 나를 본고로 믿느냐 보지 못하고 믿는 자들은 복되도다(요 20:29)" 하신 말씀은 보지 않고 믿는 것이 절대 쉽지 않음을 말해줍니다. 하물며 보이지 않는 분을 사랑하는 것은 얼마나 어려울까요?

하지만 하나님이 나를 사랑하시는 것에 감사하다 보면,
어느 순간 나도 하나님을 사랑하기를 원하게 되고,
내가 하나님을 사랑하기를 원할 때, 하나님께서 나를 이끌어 주십니다.
그러므로 하나님께서 나를 사랑해 주시는 것에 감사하는 것은 하나님의 영광을 위한 첫걸음이 될 것입니다.

친구

You Needed Me(당신은 나를 원했어요)

노래 Anne Murray

🎵

이 노래는 랜디 구드럼(Randy Goodrum)이 1971년 작사·작곡하였으나, 빛을 보지 못하고 있다가 1978년 Anne Murray(1945~)가 발표하여 빌보드 핫 100에서 1위를 차지하였고, 이듬해인 1979년에 그래미 최고의 여성 팝 보컬상을 받았습니다.

I cried a tear You wiped it dry
나는 눈물을 흘렸지만 당신이 닦아줬어요
I was confused You cleared my mind
나는 혼란스러웠지만 당신이 내 마음을 잡아주었어요
I sold my soul You bought it back for me
나는 영혼을 팔았지만 당신은 그것을 되돌려주셨고
And held me up And gave me dignity
나를 안아주고 자존감을 갖게 해주었어요
Somehow, you needed me
어쨌든 당신은 나를 원했어요

You gave me strength To stand alone again
당신은 나에게 다시 혼자 설 수 있는 힘을 주셨습니다
To face the world Out on my own again
다시 혼자서 세상을 마주할 수 있도록
You put me high Upon a pedestal
당신은 나를 높이 받쳐 올려주셨습니다
So high that I could almost see eternity
너무 높아서 끝없이 보일 것 같아요
You needed me You needed me
당신은 나를 원했어요 당신은 나를 원했어요

And I can't believe it's you
그리고 그게 바로 당신이라는 걸 믿을 수 없어요
I can't believe it's true! I needed you and you were there
그것이 사실이라 믿을 수 없어요 난 당신이 필요했고 당신은 거기 있었죠
And I'll never leave, why should I leave? I'd be a fool
그리고 난 절대 떠나지 않을 겁니다. 왜 바보 같이 떠나야 합니까?

Cause I finally found someone who really cares
왜냐면 난 마침내 진심으로 보살펴 주시는 분을 찾았거든요

You held my hand When it was cold,
추울 때 당신은 내 손을 잡아주셨고
When I was lost You took me home
내가 길을 잃었을 때 당신은 나를 집에 데려다줬어요
You gave me hope When I was at the end
당신은 내가 인생의 끝에 있을 때 나에게 희망을 줬어요
And turned my lies Back into truth again
그리고 내 거짓을 다시 진실로 바꾸었어요
You even called me friend
심지어 당신은 나를 친구라고 불렀지요

You gave me strength to stand alone again
당신은 나에게 다시 혼자 설 수 있는 힘을 주었습니다
To face the world Out on my own again
다시 혼자서 세상을 마주할 수 있도록
You put me high Upon a pedestal
당신은 나를 높이 받쳐 올려주셨습니다
So high that I could almost see eternity
너무 높아서 끝없이 보일 것 같았어요
You needed me
당신은 나를 원했어요
You needed me
당신은 나를 원했어요
You needed me
당신은 나를 원했어요

왕년에 팝송 좀 듣던 사람이라면 Anne Murray의 부드러운 목소리를 잊을 수 없습니다.

19세에 라디오 콘테스트에서 1위를 하며 음악계에 데뷔하였고 2008년 캐나다 음악 명예의 전당에 입성하여 캐나다 음악의 아이콘이 되었습니다.

Anne Murray는 그 흔한 스캔들 하나 없어 이야깃거리도 별로 없습니다. 그저 두 자녀를 두고 있으며 80세의 나이에도 건강하고 행복하게 지내고 있다는 것이 전부인데, 자신의 신앙이 삶과 음악에 많은 영향을 끼쳤다고 하며, 2010년에는 개인의 회개와 그리스도에 대한 믿음을 강조하는 Billy Graham Crusade에 참석하는 등 노래로 신앙의 메시지를 전달하는 활동을 많이 했습니다.

듣는 사람의 마음을 따듯하게 해주는 〈You Needed Me〉는 잔잔하고 감성적인 발라드로 시작하여 후렴구에서는 오케스트라로 어울림을 더하며 사랑의 위대함과 영원성을 표현합니다.

한때 이 노래를 들으며 막연하게 진실한 사랑을 표현하였다고 생각한 적이 있었는데, 이 노래를 남녀 간의 사랑이라고 생각하며 듣는다면 과장된 구석이 많이 보일 것입니다.

그럼, 이 노래가 이야기하는 것을 알아보겠습니다.

그럼 애피타이저로 제목, 〈당신은 나를 원했어요(You Needed Me)〉로 간부터 살짝 보겠습니다.

사람이 어떤 사람을 원할 때에는 무엇이 되었든 그 이유가 다 있는데 재산, 몸매, 성격, 배경 중 나의 무엇이 그로 하여금 나를 원하게 했던 것일까요?

사람이 사랑을 시작하기 위해서는 어떤 이유가 필요하지만, 일단 진짜 사랑을 시작하면 그 이유가 없어지는데, 이것이 사랑의 신비로운 진화 과정입니다.

그래서 젊어서 사랑한 여자가 쭈글쭈글해져도 이상하게 더 귀한 존재로 여겨집니다.

하지만 그 사람을 원한다는 사실은 처음이나 나중이나 바뀌지 않습니다.

그래서 이 노래 제목의 "원한 것"이 어떤 사랑을, 왜 원하는지 모호합니다.

작가로서 대중이 자신의 작품에 관심을 가져주기를 원하는 것은 당연할 것이니, 처음부터 종교색을 분명히 나타내는 것보다는 모호하게 표현하여 "일단 들어봐" 한다고 그렇게 밉게 볼 필요는 없을 것 같으니 일단 대범하게 넘어가 주겠습니다.

1절부터 남녀 간의 사랑으로 보기에는 지나치게 숭고한 사랑의 이야기가 전개됩니다.

"나는 영혼을 팔았지만, 당신이 찾아주었다"라는 구절이 문제의 부분인데, 남녀 간의 사랑이라 보기에는 표현이 아무래도 억지스럽습니다. 굳이 비슷한 사랑의 사례를 영화에서 찾아본다면, 돈 많은 사업가(리차드 기어)가 길거리에서 우연히 만난 콜걸(줄리아 로버츠)을 행사 파트너로 고용하여 몇 차례 동반하다가 그녀의 순수함에 사랑을 느끼게 된다는 줄거리의 〈귀여운 여인(Pretty Woman)〉 정도일 것입니다.

그래도 여주인공은 '그놈의 돈 때문에' 몸 파는 창녀가 되었지만, 영혼을 팔지는 않았습니다. 그런데 영혼을 팔아먹은 사람을 이처럼 위로해 주고 치유해 주고 높이 올려주어 이 세상 끝까지 보고 싶을 정도로 벅찬 기쁨을 줄 사람이 정말 있을까요?

어느 어떤 소설이나 영화에서도 영혼을 판 사람은 악역이거나 조연이지,

주인공이 되어 사랑받는 경우는 알지 못합니다. 그러나 이 부분도 있다고 치고 2절로 넘어가겠습니다.

2절에서도 "내 거짓을 진실로 바꾸어 주었다"는 가사는 1절과 비슷한 내용입니다.

"사람은 고쳐 쓰는 것이 아니다"라는 옛말이 있는 이유는 거짓 속에 사는 사람은 현실적인 이득을 원하지 결코 진실한 사람이 되기를 원하지 않기 때문입니다.

어쨌든 제대로 된 사람이라면 거짓을 일삼는 사람을 만나려 하지도 않습니다.

그러면 거짓된 사람을 진실된 사람으로 바꾸어 주었다는 것이 연인 사이의 이야기일까요?

거짓된 연인이라면 지금 바로 떠나는 것이 좋을 것입니다.

결국 이 가사에서 이야기하는 것은 남녀 간의 사랑 이야기가 아니라, 거짓보다 더 깊은 곳에 있는 우리의 고단함을 측은히 살펴주시는 하나님의 사랑을 이야기하는 것이 분명합니다.

이어서 이 노래가 무엇을 말하고 싶은지 분명히 말해주는 핵심 문장이 나옵니다.

"심지어 나를 친구라고 불렀어요"

여기서 "친구라 불렀다"는 말은 남녀 간의 사랑을 노래한 것이 아니라는 힌트입니다.

주인과 종의 관계는 돈과 용역의 거래이며, 왕과 신하의 관계는 신분과 충성의 거래입니다.

그러나 친구의 관계는 동등한 입장에서 우정과 사랑을 주고받는 것입니다.

그런데 "심지어"라는 표현은 내가 동등하게 감당할 수 없는 높으신 분이 나를 친구라 불러주었다는 뜻입니다.

그렇다면 이 노래에서 나를 사랑하시는 그분은, "**이제부터 너희를 종이라 하지 아니하리니 종은 주인의 하는 것을 알지 못함이라 너희를 친구라 하였노니 내가 내 아버지께 들은 것을 다 너희에게 알게 하였음이니라**(요 15:15)"고 하신 그리스도인 것을 알 수 있습니다.

여기서 나는 내게 사랑을 주시는 그분이 나를 그분의 당당한 친구로 받아주시며 내가 그분에 대하여 알고 사랑하기를 원하신 것에 또 고마워합니다.

그러므로 이 노래에서 나를 사랑하는 분은 하나님이시라는 것이 명백해집니다.

이쯤에서 제목 〈당신은 나를 원했어요(You Needed Me)〉를 다시 살펴보면,

이 제목은 '하나님께서 나를 원하셨어요'라는 메시지의 다른 표현임이 분명합니다.

Oops! 애피타이저가 아니라 메인 디시였습니다. 이 노래의 제목이 흥행을 위한 애매한 표현이 아니라, 부족한 나를 하나님이 사랑하여 불러주신 것에 대한 놀라움이 함축되어 있는 것이 보일 겁니다. 안 보이면 길게 늘려서 다시 보겠습니다.

"많은 사람 중에서 나를, 영혼까지 팔아먹은 나를, 그런 나를 당신이 원하셨어요"

이 노래의 하이라이트이자 메시지는 역시 2절에 있는 "친구"라는 단어에 있습니다.

만일 국회의원이 평범한 시민에게 친구라고 했다면 그분에게 내가 아닌 표

(票)가 친구입니다.

만일 남자가 여자에게 친구끼리 술 한잔하자고 하면 손등에 난 누런 털이 살짝 보일 겁니다.

만일 전시에 장군이 병사에게 친구라 부르며 술을 권한다면 위험한 작전에 투입하려는 것입니다.

중국 사람이 친구라고 할 때는 상호 간 이용 가치가 있는지 서로 터놓고 견주어 보자는 이야기입니다.

심지어 네가 처신만 잘하면 내 친구가 될 수도 있다는 자상한(?) 상사도 없지 않습니다.

사회생활을 무난히 하려면 이처럼 여러 친구의 목적을 잘 알고 어울려야 할 것입니다.

그런데 아무런 계산 없이 나를 끝까지 사랑해 주시고 이끌어 주시는 하나님께서 나를 친구라고 불러주는 것은 우리 일생 최대의 행운입니다.

그래서 이분은 절대 놓치지 말아야 합니다.

과연 이 노래 3절에서도 "내가 바보인가요? 이런 분을 떠나게…"라고 하네요.

사회생활 경력이 좀 되는 분들은 예수의 친구라는 말씀에 대해 남다른 감회가 있을 것입니다.

분위기 좋게 가다가 갑자기 선배가 "그런데 내가 네 친구야?" 한마디에 분위기가 싸~해집니다.

보고서를 열심히 준비했는데, 뭐가 그리 기냐며 큰 글자로 A4용지 한 장에 간단히 보고하랍니다.

업무가 아닌 복장이나 윗사람 대하는 태도를 문제로 지적받으면 멘털이 어지간한 사람이라도 짜증 나지요.

정말 윗사람 모시기 더러워서 정말 못 해 먹겠다고 속으로 구시렁거립니다.

하지만 나의 실수를 납득하고 흔쾌한 척해야 하는 것이 힘없는 사람들의 현명한 처신입니다. 그러나 높은 분의 주문에 맞추어 하루를 지내고 집에 돌아갈 때는 "참 높다" 하는 혼잣말이 저절로 나옵니다. 그런데 정작 한없이 높으신 그분께서는 나를 친구라 하시며 **"나는 마음이 온유하고 겸손하니 나의 멍에를 메고 내게 배우라 그러면 너의 마음이 쉼을 얻으리니(마 11:29-30)"** 하십니다. 정말로 높으신 분은 가식도 없고 겸손하여 나를 편안하게 해주시니 상하관계의 쓴맛을 좀 아는 사람이라면 이 말씀에 놀라움과 고마움을 느끼지 않을 수 없을 것입니다. 얼마나 고마운 말씀인가요. 정말 좋은 하나님이 아닐 수 없습니다.

누구든 항상 기댈 수 있는 좋은 친구가 한두 명은 있겠지요? 세상살이가 각박하니 서로 기댈 수 있는 친구나 가족은 좋은 위안이 됩니다만, 모든 인간은 자기의 인생을 혼자 살아가고 혼자 마감해야 하는 외로운 존재라는 것이 진실이며 또한 변치도 않습니다.

먼 옛날 송나라 시인 소동파도 인간은 원래 고독한 존재(孤獨者天性也: 고독자 천성야)라고 했다는데 사람은 도대체 왜 고독할까요?

마틴 하이데거는 『존재와 시간』에서는 인간은 '죽음을 의식하는 존재'라는 것을 강조하며, 이러한 죽음에 대한 의식이 인간에게 근본적인 불안과 고독을 가져온다고 했답니다.

그렇다면 죽음을 피할 수 없는 인간에게 고독도 역시 피할 수 없는 운명이겠습니다.

인간의 '존재'에 대한 불안은 '존재의 소멸'과 더불어 '알 수 없는 나의 존재 의미' 때문이기도 한데, 존재의 깊은 곳, 자신의 중심에는 들여다보면 안갯속 같고 채우려 해도 채워지지 않는 공동(空洞, 빈 공간)이 있는 것을 알 수 있을 것입니다. 이 공간이 존재의 중심이며 고독의 원천입니다.

　이 빈 공간에는 친구도 부모도 연인도 들어갈 수 없는데, 만일 자기의 중심에 다른 사람이 있다면 돌아가는 팽이의 중심이 둘이 될 수 없는 이치와 같이 곧 넘어지게 됩니다.

　그러면 어떡하지요? 내 중심 공간에 혼자 있으면 고독하고, 남과 같이 있으면 넘어지고…

　우리 몸에 머리카락부터 발톱까지 쓸모없는 것이 있을까요? 모든 기능과 형태가 아름답고 완벽합니다.

　우리에게 필요 없는 본능이 있을까요? 모든 본능에는 다 이유가 있으며 필수적인 것입니다.

　그렇다면 본능적으로 느끼는 이 마음속 빈 공간은 과연 쓸데없이 왜 있을까요?

　이 공간의 의미를 모르는 사람들은 마치 엄마 없는 아이가 얼굴도 모르는 엄마를 그리워하는 것처럼 채워지지 않는 허전함을 느끼는데, 사실 이 빈 공간은 하나님의 자리입니다.

　이것은 내가 하나님과 하나가 되어야 채워지는 공간이며 하나님을 위해 예비된 이 공간의 존재는 하나님이 인간을 창조하신 증거이기도 합니다.

　하나님이 자신의 중심에 함께 계신데도 고독을 느낀다는 이야기를 들어본 적이 있나요?

　아기가 엄마와 함께 있으면 행복한 것처럼, 하나님이 함께 계신 그 공간에서는 고독 대신 기쁨이 솟아나는 것을 경험하여 알게 됩니다.

　결국 우리가 모든 것을 기댈 수 있는 진정한 친구는 오직 예수라는 것을 이 빈 공간을 통해 알 수 있는데, 그래서 바울 선생도 "**또 그리스도께서 너희 안에**

계시면 몸은 죄로 인하여 죽은 것이나 영은 의를 인하여 산 것이니라(롬 8:10)"라고 가르치신 것 같습니다.

합창 부분으로 돌아와 마무리합니다. "당신은 나에게 다시 혼자 설 수 있는 힘을 주었습니다"

이 가사를 쓴 랜디 구드럼(Randy Goodrum)도 '혼자서 세상을 마주하는 것'이 얼마나 힘든 것인지 알기에 이런 가사를 만들었다고 생각되는데, 어떤 이들에게는 세상을 마주 바라보는 것이 정말로 어려운 일일 수 있습니다.

지나다니는 사람들이 모두 부럽고, 노숙자의 빌어먹을 수 있는 용기와 살려는 의지가 부럽고, 힘을 내라는 친구를 멍하니 쳐다보며 '너는 당당하구나' 하며 부럽게 생각해 본 적이 있나요?

나의 한계를 절감할 때, 나의 존재가 한없이 무거울 때, 그리스도의 말씀을 만나는 사람은 축복받은 사람입니다. 많은 사람이 바로 그 과정에서 그리스도께 의지하고 그리스도와 하나가 되기 때문입니다.

친구들의 위로가 귀에 들어오지 않을 때, 진정한 친구가 되시는 그리스도께서 우리의 존재를 귀히 여기시며 우리에게 세상을 마주할 수 있는 힘을 주시는 말씀으로 마무리합니다.

"참새 두 마리가 한 앗시리온에 팔리는 것이 아니냐
그러나 너희 아버지께서 허락지 아니하시면
그 하나라도 땅에 떨어지지 아니하리라
너희에게는 머리털까지 다 세신 바 되었나니 두려워하지 말라
너희는 많은 참새보다 귀하니라(마10:29-31)"

GOD has A GREAT PLAN FOR YOUR life

Jeremiah 29 11

새로운 시작

Why me, Lord(왜 저인가요, 주님)

작사·작곡·노래 **Kris Kristofferson**

🎵

많은 사람에게 위로를 주는 이 곡은 Kris Kristofferson이 1970년 작사 · 작곡 · 노래하였으며 Kris의 수많은 히트곡 중에서 최고의 곡 중 하나였으며 1973년 빌보드 핫 컨트리 싱글차트 1위를 기록하며 무려 38주 동안 탑 100에 오른 곡입니다. Elvis Presley는 자신도 좋아하는 곡이라면서 공연에서도 자주 불렀답니다.

Why me, lord?
왜 저인가요, 주님
What have I ever done to deserve even one of the pleasures I've known
제가 아는 기쁨 중의 하나라도 받을 자격이 될 어떤 일을 제가 한 적이 있나요

Tell me, Lord
말씀해 주세요, 주님
What did I ever do That was worth loving you or the kindness you've shown?
내가 당신을 사랑하거나, 당신이 내게 보여준 은혜에 합당한 일을 한 적이 있나요

Lord help me, Jesus I've wasted it
주님 도와주세요, 예수님 저는 그것을 허비해 버렸습니다
So help me, Jesus I know what I am
그러니 도와주세요, 예수님 저는 제가 어떤 사람인지 알고 있습니다

But now that I know That I've needed you
하지만 지금 제가 아는 것은, 저는 당신이 필요하다는 것입니다
So help me, Jesus My soul's in your hand
그러니 도와주세요, 예수님 제 영혼은 당신의 손안에 있습니다

Try me, Lord If you think there's a way
기회를 주세요, 주님 당신이 내게 길이 있다고 여기신다면
I can try to repay All I've taken from you
당신에게서 받은 이 모든 것을 갚도록 노력하겠습니다

Maybe, Lord I can show someone els
어쩌면 주님 내가 다른 사람들에게 보여줄 수는 있을 겁니다
What I've been through myself on my way back to you
내가 주님께 돌아가는 길에 겪은 일

Lord, help me Jesus
주님, 저를 도와주세요 예수님
I've wasted it so help me, Jesus I know what I am
저는 그것을 허비해 버렸어요 도와주세요, 주님 저는 제가 어떤 사람인지 알아요

But now that I know That I've needed you
하지만 지금 제가 아는 것은 저는 당신이 필요하다는 것입니다
So help me, Jesus
그러니 도와주세요, 예수님
My soul's in your hand Jesus
제 영혼은 당신의 손길에 있습니다
My soul's in your hand
예수님 제 영혼은 당신의 손길에 있습니다

1936년 텍사스에서 육군소장의 아들로 태어난 Kris는 아버지가 일찍 죽은 후 가난과 어머니의 재혼으로 방황을 하였습다만, 미국 캘리포니아 Pomona 대학과 영국 Oxford 대학을 장학생으로 다녔고 이때부터 작곡활동을 시작하였습니다.

그 후 5년간의 군 생활을 마치고 미국의 육군사관학교(West Point)에서 영문학을 강의할 예정이었으나 잠시 들린 컬럼비아 레코드사의 일에 흥미를 느껴 관리인으로 일하게 되었습니다.

Kris Kristofferson은 통기타 연주로 솔직하며 공감되는 노래를 즐겨 불렀고 〈Help Me Make It Through the Night〉이나 〈For the Good Times〉 등 불후의 명곡들을 만들었습니다. 2014년에는 그래미 평생공로상 수상 등 아무튼 재능이 대단한 사람이었습니다.

〈Why me, Lord〉를 작사한 Kristofferson의 발음이 Christ Person(그리스도 사람)과 비슷해서 본명이 무엇인지 찾아보았더니, 특이하게도 원래 본명이 Kristoffer Kristofferson이라네요.

그는 원래 찬송가를 만들 의도가 아니었지만, 1970년에 작사·작곡된 이 노래는 현재 미국에서 Country Gospel로 분류되어 찬양곡으로도 많이 불리고 있다고 합니다.

Elvis의 〈Crying In the Chapel〉은 엘비스의 이름값 때문에 흥행에 성공했다고 해도 무명가수가 하나님을 향한 기쁨을 노래하여 대중의 사랑을 받을 수 있는 미국문화가 슬슬 부러워지는데, 단견인지 몰라도 "IN GOD WE TRUST(우리가 믿는 하나님 안에서)"라는 문장을 국가표어로 정하여 모든 지폐와 동전에 넣는 문화이니 그럴 수 있었던 것이 아닌가 합니다.

크리스는 기독교 가정에서 자랐으나 젊은 시절 방황하며 기독교를 떠났다가 〈Why me, Lord〉를 작사·작곡한 1970년, 34세에 교회로 다시 돌아왔습니다. 그리고 가사의 내용과 같이 그는 신앙 관련 책을 쓰기도 했고, 1997년에는 기독교 영화 〈The Apostle(사도)〉에 목사 역으로 출연하여 아카데미 남우주연상 후보로 오르기도 했습니다.

「하나님의 영광」에서 Elvis Presley는 많은 사람들의 오해에도 불구하고 상당히 건실하고 존경받을 만한 사람이라는 것을 말씀드렸는데, 사람은 과연 겉으로 보아서는 알 수 없는 존재인가 봅니다.

Kristoffer Kristofferson은 좋은 머리와 뛰어난 음악적 재능에 멋진 외모까지 가지고 있었지만, Elvis와는 반대로 젊은 시절 마약과 알코올에 빠져 지냈고, 사랑하는 사람을 쫓아 보내 결국 혼자 남겨진 한심한 건달이었습니다.

아래는 인터넷에 이 노래를 만들게 된 동기를 기록한 부분이 있어서 퍼왔습니다.

> "우울한 시기를 지내던 중 한 종교집회에 참석했다가 만들어진 노래라고 합니다.
> 그의 회상에 따르면 도움이 필요하다는 생각은 한 번도 해본 적이 없지만,
> 그때 자기는 인생의 바닥에 있었다고 합니다.
> 예배 도중에 목사가 '길 잃은 사람이 있습니까?' 하고 물었을 때, Kris는 자기라고 생각했답니다. 그리고 큰 죄책감 때문에 무릎 꿇고 대성통곡을 했답니다"

우리가 보기에는 설교의 흔한 수사(修辭)에 크리스는 왜 대성통곡을 했을까요? 그 이유를 우리도 짐작은 하지만, 깊은 내용은 본인만이 알겠지요.

다만, "문지기는 그를 위하여 문을 열고 양은 그의 음성을 듣나니 그가 자기 양의 이름을 각각 불러 인도하여 내느니라(요10:3)"고 말씀하신 바와 같이 주께서 크리스를 부르신 것이라 짐작할 뿐입니다.

인생의 어두운 터널을 지나던 1970년 발표된 〈Why me, Lord〉와 〈Sunday Morning Coming Down〉이 연이어 히트하며 스타덤에 오르는데 〈Why me, Lord〉에 우리가 공감하는 이유는 이 노래가 재능만이 아닌, 그의 힘들었던 경험과 진실한 참회에서 나왔기 때문일 것입니다.

Kris의 당시 느낌을 함께 짚어봅니다.

"왜 저인가요, 주님 제가 알고 있는 기쁨 중의 하나라도 받을 자격이 될 일을 제가 한 번이라도 한 적이 있나요?"

이 첫 구절은 하나님의 사랑을 알고 크리스천이 되는 모든 사람이 겪는 의문일 겁니다.

이 세상에서 자기를 누구보다도 잘 아는 사람은 바로 자기 자신입니다.

크리스는 마약과 알코올에 찌든 건달인 자신이 이 모든 기쁨을 받을 자격이 없다고 느꼈고 아무것도 한 것이 없이 자신이 받은 기쁨에 대해 의아함 비슷한 것을 느낍니다.

크리스는 "왜 접니까"라는 질문을 사용하여 자신은 부적격하고 무능력한 자임을 강조합니다.

"저는 그것을 허비해 버렸습니다. 도와주세요, 저는 제 자신이 어떤 사람인지 알고 있습니다"

이것은 단순히 노래 가사가 아니라, 하나님의 따스한 사랑에 대하여 자신이 얼마나 형편없는 사람인지 잘 알고 있는 크리스의 1차 반응이며 솔직한 심경 고백입니다.

이 후렴구에 주목할 두 개의 단어가 있는데 그것은 허비와 도움입니다.

- 크리스는 자신의 지나온 인생을 '허비(Waste)'라는 단어로 표현합니다. 이 것은 단어 그대로 보면 하나님의 존재와 은혜의 가치를 알지 못하고 인생을 허비해 버렸는데, 그것은 크리스가 자신이 가야 할 길을 가지 않았던 것에 대한 자책감으로 보입니다.

젊은 시절을 마약과 알코올에 빠져 방황하며 그 시간과 재능을 허비했고 그 마약과 알코올은 온전히 크리스 자신의 선택이었으니 자신을 돌아보면 한탄과 부끄러움을 가질 수밖에 없겠지요.

- 크리스는 하나님께 자신이 필요한 것을 '도움(Help)'이라는 단어로 표현합니다.

이것은 크리스가 혼자의 힘으로는 자신의 죄를 극복하거나 인생의 목적을 스스로는 찾을 수 없었다는 것을 고백하며 도움을 청하고 있는 것이죠.

크리스만 그럴까요? 엄혹한 현실 앞에 초라하게 느껴지는 나, 유혹 앞에 쉽게 무너지는 나… 수없이 많은 문제로 고민해 보셨다면 이 '도움 호소'에 공감이 없을 수 없습니다.

자동차의 왕, 헨리 포드는 후회는 아무것도 바꾸지 못하지만, 변화의 시작은 될 수 있다고 했지요.

그러나 아무나 변화하는 것이 아니고 자신에게 정직한 사람에게만 변화가 시작될 수 있기 때문에, 우리가 자신의 한계와 결점을 인정하는 것은 더 나은 삶으로 가는 여정의 중요한 단계입니다.

그래야 하나님께 도움을 구하는 탄원이 마지막 희망의 끈이 될 수 있을 것입니다.

이 후렴구는 또한 자신이 인생을 허비하고 있다는 것을 자책하며 하나님께 자신의 목적을 보여주셔서 하나님께 보답하며 살아갈 수 있기를 탄원하는 것입니다.

즉 자신에게 주어진 소명으로 새 삶을 살고자 고민하기 시작합니다.

여기서 죄에 찌든 자신을 버리고 새로운 사람으로 살아가기 위해 하나님께 받은 은혜에 보답할 길을 찾는 크리스를 보며 우리도 소명(召命)에 대해 생각해 보게 됩니다.

야고보도 "**내 형제들아 만일 사람이 믿음이 있노라 하고 행함이 없으면 무슨 이익이 있으리요 그 믿음이 능히 자기를 구원하겠느냐**(약 2-14)"며 믿는 자들의 행동이 필요함을 가르쳤습니다.

어쨌든 죄를 극복하고 자신을 받아들이고 인생의 목적을 찾는 데 하나님께 도움을 구하는 것은 크리스가 인생을 낭비하는 실수를 했어도 하나님이 여전히 그의 삶에서 역사하실 수 있다는 것을 믿고 있음을 보여줍니다.

"당신에게서 받은 이 모든 것을 갚을 수 있는 길이 있다면 저에게 기회를 한번 주세요"

크리스는 자신이 받은 모든 기쁨은 누릴 자격이 없는 자에게 하나님이 무상으로 주신 은혜라는 것을 알고 있습니다. 선행의 대가나 보상이 아닌 온전한 하나님의 은혜이지요.

그래서 하나님께 은혜의 빚을 진 자로서 하나님을 위해 무엇이든 하고 싶어 하는 크리스의 신앙심이 새로운 단계로 전개되는 것을 알 수 있습니다.

이 부분에서 성서를 꿰뚫고 있는 학자나 나름 신앙의 경지에 올랐다고 자부하는 성직자라도 자만을 항시 경계해야 하는 이유가 생각나게 하는 것 같습니다.

　현자들이 행동을 머뭇거리는 동안, 성서적인 배움 하나 없던 이 한량은 하나님의 사랑을 알고 사랑에 보답하기 위해 스스로 행하게 하시니까요.

"어쩌면, 주님 내가 주님께 돌아가는 길에 내가 겪은 일을 다른 사람에게 보여줄 수는 있을 겁니다"

　크리스는 자신의 경험을 통해 자신처럼 방황하는 젊은이나 어려움을 겪고 있는 다른 사람들을 도울 수 있기를 바라고 있습니다. 그는 실수했지만 만회할 때가 왔다는 것을 알고 있으며, 자신의 경험을 공유함으로써 다른 사람이 하나님께로 돌아올 수 있기를 바라고 있습니다.

　그가 이 곡으로 유명인이 되지 않았다면 목회자의 길을 걸었을지도 모릅니다.

　- 여기서 어쩌면(Maybe)이라는 단어를 사용한 것은 자신의 그러한 역할을 맡을 자격이 있는지에 대하여 확신을 못 하고 있는 것이며 동시에 그 사명에 대한 의지를 보이고 있습니다.

　그는 다른 사람을 도울 자격이 있는지 확신은 못 하지만 기회를 주시면 시도해 보겠다고 합니다.

　- 돌아가는 길(On My Way Back)이라는 표현을 써서 자신이 여전히 하나님께 돌아가는 여정에 있다고 말합니다. 신앙이란 죽는 순간까지 멈춤 없이 가야 할 길이기에 우리가 살아가는 동안에 도착이란 없겠지요.

　이 노래는 크리스토퍼슨의 개인적인 고백이지만, 많은 사람들의 공감을 얻는 이유는 이러한 자책과 회개의 마음을 누구나 가지고 있기 때문일 것이며 이 노래의 가사 한 줄 한 줄에 절절한 고백과 새로운 시작에 대한 의지와 기쁨이 엿보이기 때문일 것입니다.

하지만 아쉽게도 이 노래의 짧은 가사만으로는 크리스가 하나님께 받은 은혜를 다른 사람에게 보여주어 하나님께로 이끌겠다는 것이 봉사인지 소명에서 비롯된 것인지 우리는 알 수 없습니다.

봉사나 기부활동은 자신의 인생을 가치 있게 하는 매우 중요한 행위지만 모든 봉사가 소명(召命)에서 비롯된 것은 아닙니다.

둘의 차이가 있다면, 봉사활동은 하나님을 위하여 내가 가진 것으로 무엇인가 하는 것이며, 소명은 하나님이 나를 불러 함께하시며 나를 도구로 사용하시는 것입니다.

소명을 받은 사람들에게는 열정과 기쁨이 함께하기에, 소명은 하나님께로부터 받은 축복이며 큰 선물입니다. 그래서 소명을 받아 그에 따라 살아가는 것은 모든 그리스도인의 소망입니다.

하나님께로부터 받은 은혜를 다른 사람과 나누고자 하는 크리스의 의지가 봉사인지 소명에서 비롯된 것인지 우리는 알 수는 없지만, 누구든 하나님께서 함께하심을 믿으며 이웃에게 빛과 소금이 되도록 노력한다면 하나님을 기쁘게 하는 축복된 삶이 될 것입니다.

다정한 이름

Word On A Wing(날개 위의 말)

작사·작곡·노래 David Bowie

이 노래는 데이비드 보위(David Bowie)가 1976년 작사·작곡한 노래인데, 처음에는 그다지 관심을 받지 못하다가, 20년이 지나 재평가받기 시작했으며 1997년 빌보드 얼터너티브 에어플레이 차트(미국 라디오 방송순위)에서 1위에 오르며 현재는 그의 대표곡으로 꼽힙니다.

In this age of grand illusion
이 거대한 환각의 시대에
You walked into my life out of my dreams
당신은 내 꿈으로부터 내 삶으로 들어왔습니다
I don't need another change
난 다른 변화를 원치 않았지만
Still you forced away into my scheme of things
당신은 내가 모든 것에 대한 생각을 바꾸게 했습니다
You say we're growing,
당신은 우리가 성장하고 있다고 말하죠
Growing heart and soul in this age of grand illusion
우리가 이 거대한 환각의 세대에 마음과 영혼이 성장한다고
You walked into my life out of my dreams
당신은 내 꿈으로부터 내 삶으로 들어왔습니다
Sweet name, you're born once again for me
나를 위해 다시 태어난 다정하신 이름이여,
Sweet name, you're born once again for me
나를 위해 다시 태어난 다정하신 이름이여
Oh sweet name, I call you again
다정하신 이름이여, 다시 한번 당신을 부릅니다
You're born once again for me
당신은 나를 위해 다시 태어났습니다
Just because I believe don't mean I don't think as well
내가 믿는다고 생각도 않는다는 뜻은 아닙니다
Don't have to question everything in heaven or hell
천국이든 지옥이든 다 의심을 갖지 말아요
Lord, I kneel and offer you my word on a wing
주님, 나는 무릎을 꿇고 당신께 나의 말을 날개 위에 실어 보냅니다

And I'm trying hard to fit among your scheme of things
그리고 나는 당신의 계획에 따르려 열심히 노력하고 있습니다
It's safer than a strange land
낯선 이방의 땅보다 안전하지만
But I still care for myself and I don't stand in my own light
나는 여전히 스스로를 챙기고 나만의 빛 속에 서 있지 못합니다
Lord, lord, my prayer flies like a word on a wing
주님, 나의 기도는 날개 달린 말처럼 날아갑니다
My prayer flies Like a word on a wing
내 기도는 날개 위의 말처럼 날아갑니다
Does my prayer fit in with your scheme of things?
나의 기도가 당신의 뜻에 맞을까요?
In this age of grand illusion
이 거대한 환각의 시대에
You walked into my life out of my dreams
당신은 내 꿈으로부터 내 삶으로 들어왔습니다
Sweet name, you're born once again for me
나를 위해 다시 태어난 다정한 이름이여
Just as long as I can see, I'll never stop this vision flowing
내가 볼 수 있는 한, 이 시작의 흐름을 결코 멈추지 않을 겁니다
I look twice and you're still flowing just as long as I can walk
다시 생각해도 내가 걸을 수 있는 한 당신은 여전히 흐르고 있어요
I'll walk beside you, I'm alive in you
나는 당신 곁에서 걷고 당신 안에 살아 있습니다
Sweet name, you're born once again for me
나를 위해 다시 태어난 다정하신 이름이여
And I'm ready to shape the scheme of things
그리고 난 그 뜻을 전개해 나갈 준비가 됐어요

Ooh, ready to shape the scheme of things
오, 그 뜻을 전개해 나갈 준비가 됐어요
Ooh, ready to shape the scheme of things
오, 그 뜻을 전개해 나갈 준비가 됐어요
Ooh, Lord, I kneel and offer you my word on a wing
오, 주님, 나는 무릎을 꿇고 당신께 나의 말씀을 드리며
And I'm trying hard to fit among your scheme of things
당신의 계획에 맞추기 위해 열심히 노력하고 있습니다
Does my prayer fit in with your scheme of things?
나의 기도가 당신의 뜻에 합당할까요?

"나는 신을 믿을 만큼 멍청하지 않다!"

이것은 데이비드 보위가 젊은 시절 자신만만하게 하고 다니던 이야기랍니다.

데이비드 보위(영국, 1947~2016)는 음악, 패션, 디자인, 스타일 등 대중문화 다방면에 영향을 끼친 영국의 싱어송라이터 겸 배우입니다. 끊임없는 음악적 변신으로 카멜레온이라는 별명을 얻었으며 1996년 로큰롤 명예의 전당 공연(Performance) 부분에 헌액되었습니다.

대표적인 작품으로는 〈Word On A Wing〉, 〈Peace On Earth〉 등 다수이며, 사망 직후(2017) 그래미상 다섯 개 부문의 상을 휩쓸며 사후 수상 기록이 많게 되었습니다.

보위는 유산을 탕진한 아버지와 웨이트리스 어머니 사이에서 이복형제들과 자랐습니다.

연속극 좀 보신 분들은 벌써 상황 파악이 대충 끝나셨을 겁니다. 어머니는 빈털터리가 된 아버지의 마지막 여자이며 보위는 전처소생들로부터 애정 대신 미움을 독차지했을 것이라는 정도는 안 봐도 국민상식입니다. 15세 때에는 여자 문제로 친구와 싸우다가 눈을 다쳐 동공확장증으로 기이한 외관을 갖게 되었고, 불성실한 학습 태도로 고등학교를 졸업하지 못했습니다.

보위의 어린 시절이 얼마나 힘들었을지 더 이야기할 필요도 없을 겁니다.

본명은 David Robert Hayward Jones, 17세인 1964년 음악계에 데뷔하였고 유명했던 몽키스 멤버 중 한 명인 데이비 존스(Davy Jones)와 이름이 비슷해 데이비드 보위로 개명하였습니다.

보위는 코카인의 부작용을 알지 못한 채, 마약으로 영혼을 학대하면 인간의 감각이 한계점을 넘겨 음악의 지평을 넓혀줄 것으로 생각했으나, 『플레이보이』와의 인터뷰(1976)에서 LSD 환각 체험은 원래 머릿속에 있던 음악이 나오는 것일 뿐, 도움이 안 되었다고 회고했는데, 중독 후에는 자신이 만든 곡도 기억하지 못하여 곡을 만들 때, 같은 부분만 계속 반복하며 맴돌아 결국 곡을 완성할 수 없었다고 합니다.

당시 연예계에는 술과 마약으로 30세를 못 넘기고 요절하는 스타들이 많았는데, 지미 핸드릭스(29세, 알코올·마약), 재니스 조플린(27세, 헤로인), 짐 모리슨(27세, 헤로인) 등 천재 가수들이 이런 오해의 희생자들이었습니다.

또 이런 오해의 희생자들은 '이들처럼 예술을 위해 굵고 짧게 살겠다'며 술과 마약을 따라 하는 젊은 추종자들을 다수 만들어 냈는데 한국에서도 이런 풍조를 멋으로 알고 따라 하기도 했습니다. 왜 '이나까 사무라이(칼 차고 거들먹거리는 시골 무사)'가 떠오를까요?

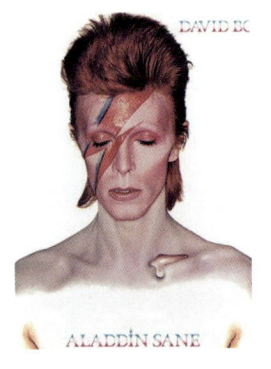

보위는 편파적인 시각에 의해 피해를 보기도 했는데, 『플레이보이』와의 인터뷰에서 "히틀러의 카리스마는 미디어를 최대한 이용하여 만들어진 슈퍼스타 이미지였다"고 말한 것을 거두절미하고 "히틀러가 슈퍼스타"라고 했다고 보도되어 집중 비난을 받았고, 공연 중 오른손을 올리는 동작이 스틸컷으로 편집되어 나치식 경례를 했다고 비난을 받기도 했는데, 주변의 유대인 친구들도 그가 나치라는 생각은 전혀 안 들었다

고 했답니다.

하지만 공개적인 무신론자이며, 불성실한 고교중퇴자이며, 마약중독자이며, 기이한 외모를 가진 보위는 나치라는 낙인을 찍기에도, 집단 괴롭힘의 대상으로도 본인은 억울하겠지만 안성맞춤이었습니다. "저런 쓰레기 같은 놈은 좀 맞아도 돼"라는 심리라고 할까요?

1976년 전후 독일에서 고통스러운 코카인 중독치료 과정을 견디면서 나온 음반 〈Low〉, 〈Heroes〉는 음악성과 역량이 성숙했다는 평을 받았으며 〈Word On A Wing〉도 이 시기에 나왔습니다. 영혼의 소멸과 재활을 경험한 보위는 예수와 십자가에 관심을 갖게 되었고, 이때부터 십자가 목걸이를 늘 걸고 다녔다고 합니다.

그런데 그의 신앙고백과 같은 〈Word On A Wing〉을 발표하니 대중의 비난이 몰아쳤습니다.

"자신은 신을 믿을 만큼 멍청하지 않다고 하더니 이런 곡을? 마약이 이래서 무서운 거다"

"보위는 이 곡으로 자기방어를 한다"

간단히 말해서 "약쟁이가 감히 하나님을 팔아?" 이런 반응인데… 이해됩니다. 쓰레기로 치부되던 사람이 갑자기 십자가를 목에 걸고 하나님을 찬양하는 노래를 만들었다고 하니 사람들은 받아들이기 힘들었고 위선이라 생각했습니다. 대중들이 양심의 가책 없이 편하게 욕해도 되는 마약중독자가 하나님을 만난 듯이 불쑥 커밍아웃하는 것이 계산된 수작으로 보이기도 했을 겁니다.

어렸을 때부터 주변의 차가운 시선에 익숙해야 했던 보위에게 세상은 이렇게 항상 차갑기만 했습니다.

그러나 나는 보위가 하나님을 진심으로 받아들인 것을 알 수 있습니다.

이를 확인해 줄 암호가 있기 때문입니다.

로마 박해 당시, 크리스천들이 서로를 확인하는 비밀 코드는 물고기 그림이었습니다.

그리고 외로운 사람들만이 아는 하나님의 비밀 코드가 있습니다.

그것은 바로 '다정한 이름(Sweet Name)!'

'다정한 이름(Sweet Name)'은 하나님의 따뜻함을 직접 체험해 보지 못한 사람이 알 수 없는 하나님의 다른 이름이기에, 보위가 이 이름으로 하나님을 부른 것은 그가 진정으로 하나님을 만난 증거입니다.

험한 세상의 외로운 천덕꾸러기 보위가 경험한 하나님의 다정함은 어떤 의미였을까요?

다정함이 주는 고마움의 깊이는 견디기 힘들었던 외로움의 깊이와 같습니다.

외로움에 사무친 영혼이 하나님의 다정함을 만났을 때의 떨림을 외로움이 무엇인지 모르는 사람도 느낄 수 있을까요?

그러나 하나님이 어떤 분인지 아는 사람들은 이 '다정한 이름'을 해독할 수 있을 것입니다.

하나님의 다른 암호, '다정한 이름(Sweet Name)'에 동의하신다면 이 노래의 소개는 끝난 것이나 마찬가지입니다. 하지만 보위가 어떤 기도를 했는지 더 알아보겠습니다.

〈날개 위의 말(Word on a wing)〉이라는 제목이 많이 어렵지요?

'Word on a wing'은 빠르게 퍼지는 소문, 믿을 수 없는 소문 등을 뜻하지만, 『요한복음(1:1)』에서 "태초에 말씀이 계시니라 이 말씀이 하나님과 함께 계셨으니 이 말씀은 곧 하나님이시니라(In the beginning was the Word, and the Word was with God, and the Word was God)"라며 'Word'는 그리스도를 나타내므로 다른 의미로 사용되었을 수 있습니다.

그렇다고 'Jejus on a wing'으로 대입해 보면 강한 놀라움을 뜻하는 경건치 못한 표현이 되는데 이 문제는 파고들수록 머리가 아파지고 확실성은 떨어집니다.

이럴 때는 쾌도난마(快刀亂麻), 단순무식한 감성적 해석이 정답이 됩니다.

윤지영 작사·작곡 김세화가 노래한 〈내 노래에 날개가 있다면〉이라는 노래를 아시지요?

"내 노래에 날개가 있다면 어느 날 당신이 그리워질 때 당신 곁에 흐르리"라는 아름다운 가사인데, 이 노래를 생각한다면 〈날개 위의 말〉이 쉽게 이해됩니다.

문맥상 여기서 말(Word)이란 기도를 뜻한다고 보아 '내 기도에 날개가 있다면'이라 해석해도 좋겠습니다.

보이지 않는 하나님께 드리는 내 기도에 보이지 않는 날개가 있어 하나님께로 훨훨 날아가, 하늘에 계신 하나님께 나의 기도가 받아들여지기 바라는 마음을 간절히 표현했다고 보입니다.

"거대한 환각의 시대에 하나님은 내 꿈으로부터 내 삶으로 들어왔다"에서 "거대한 환각의 세계"란 음악과 마약과 대중에 취해 자신의 본질을 잃고 살

던 보위의 세상이며

"내 꿈으로부터 내 삶으로"는 현실이 아니라고 생각해 왔던 하나님을 내가 만난 것입니다.

즉, 아무 의미 없는 환각 같은 세상에서 살아왔는데 이제야 가치 있는 삶을 살기 시작한 것입니다.

어지러운 세상 속에서 하나님과 동행하는 삶이 시작된 것입니다.

한 교회에서 목사님이 "여기 길을 잃은 사람이 있습니까?" 하고 물었을 때, 크리스 크리스토퍼슨이 회심하여 대성통곡하고 〈Why me, Lord(주여, 왜 저입니까)〉를 만들었는데, 크리스가 후일 말하기를 "나는 도움이 필요하다고 생각하지 않았지만"이라고 한 이야기를 기억하시지요?

이 노래의 가사에서 데이비드 보위가 말하는 "난 다른 변화를 원치 않았지만, 당신은 내가 모든 것에 대한 생각을 바꾸게 했습니다"라고 한 것도 같은 의미로 보이는데 이 부분을 길게 설명하면, 하나님을 받아들인 삶이 어떤 것인지 몰랐기 때문에, 처음에는 변화의 필요성을 못 느꼈지만 하나님이 나를 바꿔주셔서 기대치 못했던 새 삶을 살게 해주셨다는 뜻으로 해석이 됩니다.

이와 같이 하나님을 모르는 사람들은 예외 없이 하나님을 알면 변화되는 세상에 대해서 별 기대 없이 무작정 믿기 시작합니다.

"당신은 나를 위하여 다시 태어나셨습니다"라는 가사는 다양한 해석을 가능케하는 다층적인 의미를 가지고 있어 여러 관점에서 해석될 수 있습니다.

첫 번째 해석은 예수께서 나를 위하여 부활하셨다는 신앙고백으로 볼 수 있습니다. 예수께서 부활하신 것이 나를 위한 것이라 느끼는 것은 그리스도와 나만의 관계인식에서 오는 것으로, 일상적인 의미는 아니지만 원하시는 사람에게 깨달음을 주시는 것은 하나님의 권리입니다.

그는 주의 죽음을 자신을 위한 하나님의 희생으로, 주의 부활을 자신에게 온 하나님의 구원으로 받아들인 것입니다. 보위의 십자가는 단순한 장식은 아니었던 것입니다.

두 번째 해석은 그리스도를 사랑하게 되면서 자신이 새로 태어난 것처럼 느껴진 경험을 은유적으로 표현하였다고도 볼 수 있습니다.

세 번째 해석은 보위의 개인적인 체험을 이야기한 것으로 천지를 창조하신 이야기 속의 하나님, 멀리 계신 창조신화 속의 하나님이 보위에게 현실 속의 다정한 친구로 오셨다고 느끼는 것입니다.

다시 말해, 환상이라 생각했던 하나님의 살아 계심을 발견한 것입니다.

이것은 마치 부활을 믿지 않던 도마가 예수의 손을 보고 옆구리를 만져본 후 "나의 주시며 나의 하나님이시니이다(요 20:28)"라며 환상이 아닌 현실에 살아 계신 예수를 만나 기뻐하는 반전이 연상됩니다.

사랑에 빠진 사람이 사랑하는 이의 이름을 자꾸 부르고 싶어 하는 마음 아시죠?

밥 먹다가도 생각나고 자다가도 생각나고 그 사람 이야기를 자꾸 하고 싶고 또 부르고 싶지요.

그는 "다정한 이름이여, 다시 한번 당신을 부릅니다"라며 하나님을 자꾸 부르는데, 그가 하나님을 만난 것이 얼마나 좋았는지 그 마음을 짐작할 수 있습니다.

그래서 이 노래의 제목 〈Word On A Wing〉에서 날개 위에 실어 보낸 말, Word는 "다정한 이름이여"이며, 보위가 하나님을 찾는 기도를 하나님이 듣고 함께해 주시기를 바라는 마음을 알 수 있습니다. 그런데 보위가 하나님을 만난 것이 왜 우리 맘까지 감동케 하는 것인지 알 수 없네요.

"내 기도가 당신의 뜻에 합당할까요"라는 가사에서는 하나님을 처음 알아가는 사람이지만 모든 것을 하나님께 맡기고 하나님의 뜻을 알고 싶어 하며 하나님의 뜻에 온전히 따르려는 진지한 신앙인의 자세를 볼 수 있습니다.

"하늘에 죄를 지은 사람은 빌 곳이 없다"는 옛말도 있는데, 도대체 철없고 교만한 보위가 어떻게 이렇게 완전히 다른 사람으로 바뀔 수 있었는지 우리는 짐작조차 할 수 없습니다.

어쨌든 이제 누가 감히 보위를 약쟁이라 욕할 수 있을까요?

보위는 혼란스럽고 힘들었던 가수 생활 초기까지와는 달리 중년 이후에는 평안한 가정생활을 보내다 2016년 69세의 나이로 생을 마감합니다. 당시 암에 걸린 것을 주변에 알리지 않았기에 그의 갑작스러운 사망은 주변의 사람들을 당황하게 했습니다.

터무니없는 누명에도 대중이 호응하여 함께 두들겨 패고, 그러면 억울하지만 억지 사과까지 해야 했던 천덕꾸러기 보위가 2003년 당년 56세에는 혁신적인 음악, 예술적 영향력, 사회적 메시지 등에서 공로를 인정받아 엘리자베스 2세 여왕으로부터 대영제국 훈장, 대십자가 기사(GBE)를 받아 그 이름 앞에 Sir(卿, 경)을 붙여 Sir David Bowie로 불리며 존경받게 되었습니다.

여기까지 데이비드 보위와 〈Word On A Wing〉에 대해 알아보았는데, 음악적 재능은 인정받고 있지만 대중의 마음속에 경멸의 대상이며 반면교사이던 보위에게 하나님은 특별한 사랑을 주셨고 보위는 그런 하나님을 "다정하신 이름"이라 부르며 하나님께 남들보다 더 많이 고마워하고 더 많이 사랑하는 것을 이 노래를 통하여 알 수 있었습니다.

　더 많은 빚을 탕감받은 사람이 더 많이 고마워한다는 『누가복음(7:41~43)』의 말씀이 생각납니다.

　외로운 영혼을 이처럼 따뜻하게 안아주시는 하나님이 어찌 고맙고 다정하신 이름이 아닐 수 있을까요? 세상을 창조하셨고 모든 것을 뜻대로 하실 수 있는 분이 이렇게 다정하신 분이라는 것이 우리에게 얼마나 큰 축복인지요?
　하나이신 하나님이 다정하신 분이신 것에 감사드리며 다시 한번 당신을 불러봅니다.

다정한 이름이여!

뒤돌아보라

Bridge Over Troubled Water(험한 물결 위의 다리)

노래 **Simon & Garfunkel**

미국의 싱어송라이터 폴 사이먼이 작사·작곡했고 Simon & Garfunkel이 이 노래를 불렀습니다.

이 노래는 1970년 발매되어 빌보드 핫 100 차트에서 1위를 차지했으며 그래미 어워드 올해의 노래 등을 수상했습니다. 이 노래는 역사상 가장 위대한 노래의 하나로 널리 알려져 있으며 어려운 시기를 겪고 있는 사람들에게 위로와 격려를 보내는 아름다운 노래입니다.

When you are weary feeling small When tears are in your eyes
자신이 초라하게 느껴지고 지쳤을 때, 당신의 눈에 눈물이 맺힐 때,
I'll dry them all. I'm on your side
내가 너의 눈물을 닦아주리니 나는 너의 편이다

Oh, When times get rough and friends just can't be found
인생이 힘겨울 때, 그리고 친구들도 사라졌을 때,
Like a bridge over troubled water I'll lay me down
험한 물결 위의 다리처럼 내가 너의 다리가 되어주리라

When you're down and out
네가 힘이 빠지고 지쳤을 때,
When you're on street
네가 길거리를 헤맬 때,
When evening falls so hard
다가오는 밤이 너무 힘들 때
I'll comfort you I'll take your part
내가 너를 위로해 주리라 너의 짐을 내게 맡겨라

Oh, When darkness comes and pain is all around
오, 사방이 어둡고 주변의 모든 것이 고통스러울 때
Like a bridge over troubled water I'll lay me down
험한 물결 위의 다리처럼 내가 너의 다리가 되어주리라

Like a bridge over troubled water I'll lay me down
험한 물결 위의 다리처럼 내가 너의 다리가 되어주리라
Sail on silver girl,
소중한 사람이여 항해하라,

Sail on by Your time has come to shine
내 곁에서 항해하라 너의 빛나는 때가 왔다
All your dreams are on their way
너의 모든 꿈이 이루어지고 있다
See how they shine
보라 그 꿈들이 얼마나 눈부신지

Oh, if you need a friend I'm sailing right behind
오, 네가 만일 친구가 필요하다면 나는 바로 너의 뒤에서 항해하고 있다
Like a bridge over troubled water, I'll ease your mind
험한 물결 위의 다리처럼 내가 너의 마음을 평안히 해주리라
Like a bridge over troubled water I'll ease your mind
험한 물결 위의 다리처럼 내가 너의 마음을 평안히 해주리라

〈The Sound Of Silence〉, 〈The Boxer〉, 〈Scarborough Fair〉… 누구든지 알만한 Paul Simon과 Art Garfunkel의 명곡들입니다. 1913년 작곡된 페루의 〈El Condor Pasa〉도 그들이 불러 세계적인 명곡이 되었고, 이 〈Bridge Over Troubled Water〉는 그들의 명곡 중의 명곡입니다.

20세기 최고의 명곡이라는 찬사를 받는 〈Bridge Over Troubled Water〉는 1970년에 나와 빌보드 500에서 10주간 1위를 했는데, 흔히 남녀 간의 희생적인 사랑을 노래하는 것으로 많이 알려져 있지만, 사실은 하나님의 기다리심을 노래한 것입니다.

이제부터 알아보겠습니다.

이 노래를 작사한 Paul Simon은 가스펠 송을 많이 만들었는데 이 노래가 연가(戀歌)로 보이기에는 너무 오버해서 히트하지 못할 것이라고 예상했답니다. 곡을 만들 때부터 연가가 아니었다는 이야기인데, 이 〈Bridge Over Troubled Water〉의 '나'는 연인이 아닌 하나님이 주어(主語)가 되는 특별한 노래입니다.

모든 것이 너무 힘들고 친구마저 떠나 길거리를 희망없이 혼자 방황할 때, 험한 세상살이에 막바지까지 내몰린 당신을 지지해 줄 사람이 당신 뒤에 항상 있다면 그는 누구일까요?

친구나 애인이나 서로 사랑하는 사람들은 이야기도 나누며 손잡고 나란히 함께 걷습니다.

그리고 부모나 스승이라면 앞에서 인도하기도 하고 손잡고도 가는데, 이 노래의 '나'는 뒤에서 따라오고 있습니다.

눈앞의 현실 대응에 바쁜 당신은 뒤에 누가 있는지는 신경 쓰지도, 알지도 못했습니다.

그래서 혼자인 줄만 알고 힘겹게 버티고 있던 나에게 그분은 내가 뒤에 있으니 "친구가 필요하면 돌아보라"고 합니다(If you need a friend, I'm sailing right behind).

앞에 닥친 현실만 보지 말고 뒤돌아보아 하나님을 찾으라는 메시지이지요. 그러므로 이 노래에서의 '나'는 항상 내 뒤에 계신 하나님이신 것입니다.

"Silver Girl"에 대한 해석은 많습니다.

먼저 Simon의 첫 부인 Peggy Harpper가 은발이었는데 본인은 나이 들어 보이는 은발을 매우 싫어했답니다. 그래서 첫 부인인 Peggy를 위로하기 위해 이 가사를 썼다는 설(設)이 있습니다만, 남편이라면 부인도 모르게 뒤에서 따라가고 있지 않습니다.

또 다른 설은 Simon이 당시 헤로인에 중독되어 있었는데 마약 주사를 은어로 "Silver Girl"이라고 부르기도 하므로 이런 가사가 나왔다고 하는 '설'도 있습니다.

흥미롭지만 문맥의 일관성을 확실하게 떨어뜨리지요. 마약 찬가가 되어버리니까요.

한 번역 전문가의 의견은 "Silver Girl"이 여성을 특칭한 것이 아니고 소중한 사람을 의미한답니다.

우리의 지치고 보잘것없는 영혼이 하나님이 보시기에는 "Silver Girl", 곧 소중한 사람이고 의로운 영혼이 됩니다. 그런데 우리가 과연 의로운 영혼일까요? 우리에게 자격이 있을까요?

나의 뒤에 따라오시는 분이 하나님이시며 참부모라는 것을 우리가 깨닫는 순간부터 바로 우리는 하나님께 소중한 사람이 됩니다.

내 아이가 말도 안 듣고 남보다 부족하더라도 엄마를 행복하게 하는 가장 귀한 자식이듯, 초라하고 더러워진 나의 영혼도 하나님의 눈에는 빛나고 사랑스러운 영혼이기 때문입니다.

"내가 다리가 되리라"를 "I'll be your bridge"라고 하지 않고 "I'll lay me down"이라 표현했습니다.
험한 물길 위로 나를 내려놓을 테니 나를 밟고 편히 지나가라는, 능력보다 사랑이 강조된 표현입니다.
하나님과 함께할 때, 세상의 풍파가 아무리 거세도 다리 아래의 물결일 뿐입니다.
모든 것을 하나님께 맡긴 우리는 세상의 현실이 냉혹해도 다리 아래의 물결을 보듯이 마음이 든든합니다.
내가 하나님과 함께 있는 한, 이제 누구도 무서워할 필요가 없고 장래의 어려움을 미리 걱정할 필요 없다는 이 노래의 메시지는 네 개의 Key Sentences에 숨어 있습니다.

- 나는 너의 편이다. I'm on your side.
- 짐을 내게 맡겨라. I'll take your part.
- 뒤돌아보고 나를 찾아라. When you need a friend, I'm sailing right behind.
- 나와 동행하여 행복한 삶을 맞이하라. Sail on by, your time has come to shine.

위 네 문장을 보면 이 노래가 나를 기다리시는 하나님의 이야기라는 것을 쉽게 알 수가 있는데, 여기에서 "나는 너의 편이다"
라는 부분은 하나님은 정의로운 분이시고 공평한
분이라고 믿고 있던 사람들에게는 상당히 의아할
수 있습니다.

하늘의 해는 선인과 악인을 가리지 않고 골고루
비추듯 하나님은 모든 사람을 사랑하시고 모두에
게 공평하신 분인데, 어째서 내게만 유독 더 다정
한 분이 되셨을까? 이것이 사실일까요?

그 질문에는 김춘수 시인의 〈꽃〉이라는 시로 답
을 갈음할 수 있을 겁니다.

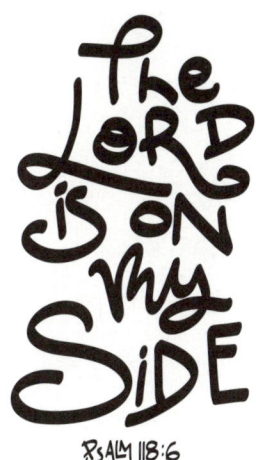

> "내가 그의 이름을 불러 주기 전에는 그는 다만 하나의 몸짓에 지나지 않았다.
> 내가 그의 이름을 불러 주었을 때 그는 나에게로 와서 꽃이 되었다"

나를 혼자서 따라오고 계시던 그분의 이름을 내가 불러주었을 때, 비로소
관계가 형성되는 것입니다.

해가 온 누리에 비추나 모두가 햇살을 맞이하는 것은 아닙니다.

누구든지 하나님을 찾을 수 있지만, 찾은 사람과 안 찾은 사람의 차이는 '사
랑하는 사람과 모르는 사람'의 차이가 됩니다.

기회는 모든 사람에게 공평하게 있습니다. 그러나 우리는 너무 늦지 않게
뒤돌아보아야 하며 뒤돌아보았으면 나의 운명 뒤에 계신 하나님을 반드시 찾
아내야 합니다.

그런데 아무나 하나님을 찾을 수 있을까요?

아무나는 아니고, 하나님의 선택을 받은 사람만이 하나님의 인도로 하나님을 찾을 수 있습니다.

그러면 누가 선택받을 수 있을까요? 하나님은 죄 없는 사람들보다는, 죄에도 불구하고 하나님께 의지하고 하나님의 사랑을 기쁘게 받아줄 사람을 선택하십니다.

그래서 지식과 논리만으로 하나님을 찾는 것은 불가능합니다. 그리고 하나님은 자신의 능력을 과신하는 사람에게는 답을 하지 않으십니다.

많이 소개되는 예가 있는데, 힘과 노력만으로 안 되는 것이 펌프로 물을 길어 올리는 것입니다.

물을 긷기 위해서는 먼저 펌프에 물을 조금 넣어줘야 합니다. 이 물을 마중물이라고 합니다.

힘 좋은 사람이 펌프질을 아무리 열심히 해도 이 마중물이 없으면 물을 길어 올릴 수 없는 이치와 같이 하나님을 알기 위해서는 먼저 하나님의 인도가 있어야 합니다.

하나님은 선택한 사람에게 원하시는 때에 마중물을 넣어주시지만, 자기 힘만으로 하나님을 찾으려 한다면 헛고생만 하게 되고, 고생 끝에 결국 길을 찾아냈을 때는 하나님의 인도가 있었다는 것을 뒤늦게 깨닫게 됩니다. 우리가 하나님을 어떻게 알게 되었는지 왜 우리를 선택하셨는지는 하나님만이 아실 뿐이고 우리에게는 이유도 모르고 받은 소중한 선물입니다.

어찌 되었든 마중물이 있을 때 열심히 펌프질해야 하듯, 하나님의 존재를 느끼는 순간부터 반드시 하나님을 찾기 위해 노력해야 합니다.

우리가 하나님을 믿는 것보다 하나님의 선택이 먼저라는 말씀은 『요한복음』에도 나와 있습니다.

"너희가 나를 택한 것이 아니요 내가 너희를 택하여 세웠나니 이는 너희로 가서 과실을 맺게 하고 또 너희 과실이 항상 있게 하여(요 15:16)" 이는 예수께서 제자들에게 하신 말씀이지만 예수의 말씀을 따르는 모든 사람에게 하신 말씀이기도 합니다.

우리가 하나님을 믿기 전에는 하나님이 우리를 선택하신 것을 알 수 없으며, 하나님을 믿게 된 후에야 하나님의 선택이 먼저였음을 알게 되는데, 이 노래의 "I'm sailing right behind"가 이야기하는 것과 같이 하나님이 내 뒤에 항상 계셨고 내가 돌아보기를 기다리고 계셨던 것을 내가 하나님을 알게 된 후에야 알게 되는 것입니다.

그런데 나를 선택하시고 기다려 주신 하나님의 사랑은 값없이 받은 것이지만 공짜가 아닙니다.

하나님께 사랑받은 그 사랑으로 내 마음에 사랑을 키워 이웃에게 빛과 소금이 되어야 합니다.

노력 없이 쉽게 받았다고 소홀히 하면 다가오는 하나님의 심판을 피할 수 없다고 예수께서는 달란트를 맡긴 종들의 비유로 우리에게 경고하셨습니다.

『마태복음』 25장, "달란트의 비유"를 보면, 주인에게서 달란트를 맡은 종들은 각각 그것을 늘려서 주인에게 돌려줌으로써 주인으로부터 더 큰 것을 약속받습니다만 1달란트를 맡은 종은 그 달란트를 땅에 묻어두었다가 주인에게 그대로 돌려주어 주인의 분노를 삽니다.

주인은 왜 분노했을까요? 여기서 달란트란 각자에게 주어진 재능 또는 하나님의 사랑을 말하며 종이란 선택받은 사람을 이야기합니다.

선택받은 다른 사람들은 하나님께 받은 사랑에 자신이 키운 사랑을 더 얹어 돌려드리는데, '당신 마음대로 내게 준 것은 여기 그대로 땅속에 묻어놓았으니 다시 가져가라'는 나쁜 종의 태도는 '네 맘대로 나를 사랑했으니 나와는 상관없다'는 뻔뻔스러운 태도를 말합니다.

우리도 무엇을 바라지 않고 순수한 마음으로 누군가를 도왔는데, 도움을 받은 사람이 나중에 "당신 맘대로 도왔지 나는 도와달라 한 적 없다"고 말한다면 도와준 이는 화를 속으로 삼켜야 할 것입니다. 이 달란트의 비유에서 주인의 분노가 이해되시나요?

믿는 자의 특권, 그것은 믿는 자의 의무에 대응되는 말입니다.

세상에는 공짜가 없습니다. 권리를 행사하기 위해서는 반드시 의무를 이행해야 합니다.

교육받을 권리는 국민의 권리입니다만 교육을 받기 위해서는 반드시 학교에 다니는 의무를 다해야 합니다. 나와 가족의 안전한 나라를 보장받기 위해서는 국방의 의무를 다해야 합니다. 이렇듯 의무를 다하지 않으면 권리가 소멸하는 원리는 우리가 받은 달란트에도 적용될 것입니다. 그러면 우리가 하나님에게 사랑으로 받은 달란트의 값은 어떻게 치를 수 있을까요?

하나님의 은혜에는 조건이 없고 하나님의 사랑도 그럴 것이니 답은 간단합니다.

사랑의 빚은 오직 사랑으로만 갚을 수 있습니다.
만일 보이지 않는 하나님을 사랑하는 것이 어렵다면,
대신 이웃을 사랑하여 나의 마음에 사랑을 키우면 됩니다.

진리

Sailing(항해)

노래 Rod Stewart

🎵
이 노래는 1970년대 초 미국의 Gary Brooker가 발표하였으나, 1976년 Rod Stewart가 불러 빌보드 핫 100에서 1위를 차지했으며 전세계적으로 1천만 장 이상의 앨범이 판매되었는데, 특히 70년대 자유와 해방을 갈망하는 시대적 분위기의 영향으로 더 많은 인기를 끌었습니다.

I am sailing, I am sailing home again 'cross the sea
나는 다시 집으로 배 타고 바다를 건넙니다
I am sailing, stormy waters
나는 폭풍 치는 바다를 항해합니다
To be near you, to be free
당신께 가까이 가기 위하여, 자유롭기 위하여

I am flying, I am flying like a bird 'cross the sky
나는 새처럼 하늘을 가로질러 날아갑니다
I am flying, passing high clouds
나는 높은 구름을 지나 날아갑니다
To be with you, to be free
당신께 가까이 가기 위하여, 자유롭기 위하여

Can you hear me, can you hear me thro' the dark night, far away
저 멀리 어두움 속의 제 말을 듣고 계신가요
I am dying, forever trying to be with you who can say
당신과 함께하기 위해 끝없이 노력하며 죽어갈 거예요 누가 뭐라겠어요

Can you hear me, can you hear me thro' the dark night, far away
저 멀리 어두움 속의 제 말을 듣고 계신가요
I am dying, forever trying to be with you, who can say
당신과 함께하기 위해 끝없이 노력하며 죽어갈 거예요 누가 뭐라겠어요

We are sailing, we are sailing home again 'cross the sea
우리는 배 타고 다시 집으로 바다를 건너 항해합니다
We are sailing stormy waters to be near you, to be free
당신께 가까이 가기 위하여, 자유롭기 위하여 폭풍 치는 바다를 항해합니다

Oh Lord, to be near you, to be free
오 주여, 주께 가까이 가기 위해, 자유롭기 위해
Oh (my) Lord, to be near you, to be free
오 주여, 주께 가까이 가기 위해, 자유롭기 위해
Oh Lord
오 주여
Oh Lord, to be near you, to be free
오 (나의) 주, 주께 가까이 가기 위하여, 자유롭기 위하여
Oh (my) Lord, to be near you, to be free
오 (나의) 주, 주께 가까이 가기 위하여, 자유롭기 위하여
Oh Lord
오 주여

영국에서는 기사 작위를 받은 사람들의 이름 앞에 Sir(卿, 경)을 붙여 존경을 표합니다.

〈딜라일라〉의 톰 존스를 비롯해 현재까지 총 32명의 가수가 기사 작위(Knight Bachelor)를 받았는데, 기사 작위 5단계 중 가장 높은 대십자가 기사(GBE)는 폴 매카트니(Sir Paul McCartney), 엘튼 존(Sir Elton John), 클리프 리처드(Sir Cliff Richard), 조지 마틴(Sir George Martin), 로저 워터스(Sir Roger Waters), 데이비드 보위(Sir David Bowie), 프레디 머큐리(Sir Freddie Mercury), 밥 길도(Sir Bob Geldof), 에릭 클랩턴(Sir Eric Clapton), 조지 마틴(Sir George Martin), 믹 재거(Sir Mick Jagger)와 영국의 싱어송라이터인 로드 스튜어트(Rod Stewart) 등 현재까지 12명의 가수가 이 상을 받았습니다. Rod Stewart는 2016년에 영국의 훈장 '사령관 기사(CBE)'를 받았고 2023년에 대십자 기사로 승격되었습니다.

사람의 두뇌는 참 이상해서 'Sailing'이란 단어만 들어도 가사에도 없는 하얀 파도, 낮게 나는 갈매기, 뜨거운 태양, 사랑하는 연인 그리고 파란 지중해가 연상됩니다. 거기다 바다. 자유… 상상력을 자극하는 단어들이 더해지니 〈Sailing〉은 낭만이 흘러넘치는 노래로 알려져 있습니다. Sutherland Brothers가 1972년 발표한 〈Sailing〉은 1975년 Rod Stewart가 허스키한 목소리로 리메이크하여 큰 인기를 얻었는데, 결론부터 이야기하면 이 노래는 사랑과 낭만의 노래가 아닙니다.

모든 항해, 특히 폭풍우를 뚫고 항해하는 배에는 당연히 목적이 있고 목적지가 있겠지요?

작사·작곡한 Garvin Sutherland에 의하면 이 노래는 영혼의 자유를 갈구하며 신을 찾아가는 노래라고 합니다.

한 조각 배를 타고 폭풍 치는 망망대해로 나가고, 새가 되어 높은 구름을 헤치고 날아가는 이유는 "당신께 가까이 가기 위해(To be near you)이며 자유롭기(To be free) 위해서"라는데, 이 험난한 과정의 끝은 천국이 아니라 생사 관계없이 주를 만나고 자유를 얻는 것이 목적입니다. '자유'란 외부의 제약이나 방해 없이 자신의 생각과 행동을 결정하고 실행할 수 있는 상태를 말하지만, 크리스천의 자유는 죄의 속박에서의 자유, 세상의 허망한 가치관에서의 자유, 두려움과 불안에서의 자유, 자기중심적인 삶에서의 자유를 말합니다.

맨션에 살아도 초조하고 불안한 사람이 있고, 초가삼간에 살아도 행복한 사람이 있습니다.

영혼이 자유로웠던 조선시대 윤선도는 죄도 없이 전라도 강진으로 유배되었지만, 자연을 벗 삼아 그 유명한 "내 벗이 몇 인고 하니 수석과 송죽이라, 동산에 달 오르니" 하는 「오우가」와 「어부사시가」 등 멋진 작품을 지으며 자신에게 주어진 환경과 시간을 즐겼는데, "팝의 여왕"으로 불리며 많은 사람들의 우상이던 휘트니 휴스턴의 내면은 불행했고 결국 코카인 중독으로 젊은 나이에 사망했습니다. 이것이 오늘 우리가 이야기하는 '자유가 있고 없음'의 차이인데, 하나님을 모르는 사람들은 이 '자유'를 어떻게 얻을 수 있을까요?

머리 깎고 산에 들어가 잊고 또 잊다가 나까지 잊으면 해탈, 즉 자유를 얻을 수 있을까요?

번민이 죽을 만큼 심하면 모를까 성철스님처럼 나의 삶과 사랑하는 사람까지 모두 잊어야 한다면 자유를 얻는다 해도 무슨 의미가 있겠나 싶네요.

자기 스스로 비롯된 번뇌라고 해서 혼자의 힘으로 번뇌를 벗어나기는 정말 어렵습니다.

고아로도 잘 자란 아이들이 있지만, 아이의 행복에 엄마가 절대로 필요하다는 것을 모르는 사람은 없을 것입니다. 엄마는 함께 있어주는 것만으로도 아이의 마음을 편안하게 합니다.

같은 이치로 우리의 참부모인 하나님과 함께해야 영혼이 평화를 얻을 것은 당연하겠지요.

수양이 깊은 윤선도 같은 이는 미움을 버리고 욕망을 비워 마음의 자유를 얻었지만 기쁨까지 얻을 수는 없었습니다. 하지만 그리스도인들은 하나님을 받아들임으로써 마치 아기가 엄마와 함께 있으면 행복한 것처럼, 속박이 있던 그 자리에 기쁨이 대신한다는 차이가 있습니다.

예수께서 **"진리가 너희를 자유케 하리라**(요 8:32, The truth shall make you free)" 하신 뜻은 자유를 얻기 위해 먼저 진리를 알아야 한다는 말씀인데, 같은 이야기를 외람되게도 더 먼저 주장한 철학자들이 있었습니다.

잠시 그들의 주장은 무엇인지 둘러보겠습니다.

소크라테스(BC469~BC399)는 "진리를 알면 자유로워진다(The truth shall set you free)"고 했고, 그의 제자 플라톤도 "철학적 지식은 곧 자유(Knowledge sets free)"라는 멋진 이야기를 예수보다 400년이나 먼저 했습니다. 그래서 그들의 진리가 무엇인지 자못 궁금해집니다.

만일 그들이 진리를 알아 자유로워졌다면 당연히 다른 이들에게도 "진리는 이것이다" 하고 알려주어야 하는데, 자기 자신에 대한 깊은 성찰을 통해 깨달음을 얻으라는 방법만 제시합니다. 이분들의 문제는 '철학자들의 고매한 진리'를 일반인인 우리가 깨달아 알 수 있느냐는 것이며, 자신이 찾은 진리와 다른 철학자가 찾은 진리가 같은 것인지도 알 수 없다는 것입니다.

일례로 염세주의 철학자인 쇼펜하우어는 "인간은 본질적으로 괴로움에 시달리는 존재로서 예술과 지혜는 인간의 고통을 일시적으로 해방시킬 수 있다"고 말하여 '테스 형'이 설파했던 자유를 얻지 못하였습니다. 아무튼 "철학적 진리가 자유를 준다"는 담론은 우리 같은 일반인들에게는 멀고 어려운 이야기이고 2,500년 동안에도 입증되지 못했습니다.

하나님을 모르는 사람들이 대부분 그렇듯, 진리가 무엇인지 잘 모르는 사람이 참 많습니다.

예수를 재판하고 유대인에게 넘겨준 로마 총독 빌라도 역시 진리가 무엇인지 궁금했습니다.

"빌라도가 가로되 그러면 네가 왕이 아니냐 예수께서 대답하시되 네 말과 같이 내가 왕이니라 내가 이를 위하여 났으며 이를 위하여 세상에 왔나니 곧 진리에 대하여 증거하려 함이로라. 무릇 진리에 속한 자는 내 소리를 듣느니라" 하시니 빌라도가 가로되 진리가 무엇이냐 하더라(요18:37~38)" 빌라도도 궁금했던 진리는 무엇일까요?

그 지혜롭다는 솔로몬도 "헛되고 헛되며 헛되고 헛되니 모든 것이 헛되도다(전1:2)"라며 세상의 허무함을 이야기하였는데, 이 헛된 세상에서 과연 진리를 찾을 수 있을까요?

빌라도가 아는 한, 이 세상에서 영원히 변치 않는 진리는 모든 인간은 죽는다는 것뿐이겠지요.

그러면 이제부터 예수께서 가르치신 진리는 무엇인지 알아보겠습니다.

『요한복음(17:17)』에는 "저희를 진리로 거룩하게 하옵소서 아버지의 말씀은 진리니이다"라고 기도하셨습니다.

이는 하나님은 "스스로 계신 분(출 3:14)"으로서 절대적 실재이시며, 하나님의 본성 역시 영원히 변치 않으시므로 하나님의 말씀은 영원하고 참된 이치, 즉 진리라는 가르침이며, 사랑하는 제자들이 하나님의 말씀을 가까이하여 거룩하게 해주시기를 구하는 기도입니다.

즉 영원하신 하나님의 말씀은 진리이므로 하나님의 말씀을 따라 사는 것이 거룩하게 되는 길이며 자유롭게 되는 길이라는 것을 가르치신 것입니다.

또 『요한복음(14:6)』에서 예수님은 "내가 곧 길이요 진리요 생명이라"며 그리스도 자신 역시 진리라고 하셨는데, 그리스도는 하나님과 하나이시므로 역시 진리임이 당연하겠습니다.

따라서 그리스도를 따르는 것이 바른길이요 생명을 얻는 길이라는 가르침입니다.

이것을 빌라도가 알 턱이 없었겠지요.

주께 가까이 가기 위하여, 자유롭기 위하여 험난한 항해를 하는 이유는 "너희가 내 말에 거하면 참 내 제자가 되고 진리를 알지니 진리가 너희를 자유케 하리라(요 8:31-32, Truth will set you free)"는 말씀에 근거하고 있는데, 그리스도의 말씀에 거한다는 것은 단순히 말씀을 듣거나 성경을 읽는 것을 넘어 그 말씀을 각자의 삶 속에서 실천하는 것을 말합니다.

영어를 잘하려면 문장을 외우는 것이 진리이지만, 실천은 오직 승자(Winner)만이 합니다.

'참제자'란 예수의 가르침을 따르며 그분의 뜻을 실천하는 사람들에게 주어지는 명칭입니다.

그리고 '자유'는 '참제자'에게 주어지는 보상입니다.

그러므로 진리가 자유롭게 하리라는 말씀은 그리스도의 뜻대로 살면 죄와 두려움에서 벗어나 해방과 기쁨을 누리게 된다는 말씀이며, 이 노래의 Sailing, Flying, 그리고 Dying은 그리스도의 말씀을 실천하는 '참제자'의 삶을 살아가는 과정을 나타내고 있습니다.

자유를 찾아 하나님께 가까이 가는 길에 어떤 고난이 있더라도 피하지 않겠다. 그리고 나의 가는 이 길을 누가 뭐라 해도 멈추지 않겠다(Who can say)는

'참제자'의 굳은 의지는 "내가 아직 잡은 줄로 여기지 아니하고, 오직 한 일 즉 뒤에 있는 것은 잊어버리고 앞에 있는 것을 잡으려고 푯대를 향하여 예수그리스도 안에서 하나님이 위에서 부르신 부름의 상을 위하여 좇아가노라(빌 3:13-14)" 하신 바울 선생의 삶을 떠올리게 합니다.

아직도 요트 타고 푸른 물결 헤치며 사랑하는 연인을 찾아가는 낭만이 보이시나요?

이 세상의 거친 풍파를 두려워하지 않고 온 힘을 다해서 하나님만을 쫓아가는 '참제자'의 노래 〈Sailing〉은 인기에 영합하여 감각을 자극하는 대중문화의 토양 속에서 발견된 귀한 진주이기에 이 노래는 여느 찬송가보다 오히려 더 큰 감동을 주게 됩니다.

메시아(Messiah)로서 그리스도의 가장 큰 사명은 인간을 진리로 이끌어 자유롭게 해주는 것이었습니다.

그래서 예수가 그리스도이시며 인류의 구원자이심을 설명할 단어, 그것이 바로 '자유'입니다.

'자유', 얼마나 귀한 글자인가요?

오늘도 수많은 항해자가 폭풍우 속에서 주님과 자유를 찾아나가고 있습니다.

단 한 번만 주어지는 삶, 반드시 하나님을 만나 자유롭게 살아야 하겠습니다.

폭풍을 뚫고 자유를 찾아가는 대중가요 〈Sailing〉의 굳센 의지가 여러분의 가슴을 뛰게 하였기를 바랍니다.

For God so loved the world, that he gave his only begotten Son, that whosoever believeth in him should not perish, but have everlasting life.

인간으로 오신 예수와 시험

I Don't Know How to Love Him

(그를 어떻게 사랑해야 하는지 모르겠어요)

노래 **Sarah Brightman**

뮤지컬 《지저스 크라이스트 슈퍼스타》에 수록된 곡으로, 막달라 마리아가 부르는 노래입니다. 작곡은 앤드루 로이드 웨버, 작사는 팀 라이스가 맡았으며 Sarah Brightman, Helen Reddy, Melanie C, 진추하 등 수많은 가수들이 이 노래를 불렀습니다.

막달라 마리아는 예수를 사랑하지만, 그가 누구인지 모르고, 그를 사랑하는 방법을 모르겠다는 고심을 표현합니다. 이 노래는 사랑의 감정을 아름답고도 절절하게 표현한 명곡으로, 많은 사람들에게 사랑받고 있습니다.

I don't know how to love him
난 그를 어떻게 사랑해야 하는지 모르겠어요
What to do, how to move him
무엇을 해야 할지, 그에게 어떻게 가야 할지
I've been changed, yes really changed in these past few days
난 변했어요, 정말로 변했어요 지난 며칠 동안
When I've seen myself, I seem like someone else
내가 나 자신을 봤을 때, 내가 다른 사람처럼 보이네요
I don't know how to take this
이것을 어떻게 받아들여야 할지 모르겠어요
I don't see why he moves me
왜 그가 나를 움직이는지 모르겠어요
He's a man, he's just a man
그는 남자예요, 그냥 남자예요
And I've had so many men before in very many ways
그리고 나는 전에 많은 방법으로 아주 많은 남자를 가졌었어요
He's just one more
그는 그저 하나 더일 뿐이에요
Should I bring him down?
그를 끌어내려야 할까요?
Should I scream and shout?
소리를 지르고 외쳐볼까요?
Should I speak of love?
사랑한다고 말해야 할까요?
Let my feelings out?
내 감정을 드러내야 할까요?
I never thought I'd come to this
내가 이렇게 될 것이라고는 생각지도 못했어요

What's it all about?
이런 상황은 뭐지요?
Don't you think it's rather funny?
당신은 이런 것이 웃기지도 않아요?
I should be in this position
나는 이런 위치에 있어야 해요
I'm the one who's always been so calm, so cool,
나는 항상 침착하고 냉정하게
No love's fool, running every show
사랑의 바보가 되지 않고 모든 과정을 주도하는 사람이에요
He scares me so
그는 나를 너무 두렵게 해요
I never thought I'd come to this
내가 이렇게 될 것이라고는 생각지도 못했어요
What's it all about?
이런 상황은 뭐지요?
Yet, if he said he loved me I'd be lost, I'd be frightened
그런데 그가 나를 사랑한다고 말한다면 나는 자신을 잃고 두려워할 거예요
I couldn't cope, just couldn't cope
나는 감당할 수 없어요, 그저 감당할 수 없어요
I'd turn my head, I'd back away
나는 뒤돌아 물러 나올 거예요
I wouldn't want to know He scares me so
나는 알고 싶지 않을 거예요 그는 나를 너무 두렵게 해요
I want him so
나는 그를 너무 원해요
I love him so
나는 그를 너무 사랑해요

뮤지컬 《지저스 크라이스트 슈퍼스타》는 1971년 영국 런던에서 초연되었습니다.

이 작품은 예수의 생애 중 마지막 7일을 다루며, 예수와 그를 따르는 제자들, 그리고 예수를 반대하는 바리새인들의 갈등을 통해 인간의 운명과 사랑에 대한 이야기를 담고 있는데, 〈I Don't Know How to Love Him〉은 예수를 짝사랑하며 혼란에 빠진 막달라 마리아의 노래로 이 한 곡이 이 뮤지컬의 흐름을 잘 보여주고 있습니다.

《지저스 크라이스트 슈퍼스타》는 〈Everything's Alright〉 등 좋은 음악들이 흥행을 이끌어 초연부터 큰 성공을 거두었고, 전 세계적으로 수많은 공연과 리바이벌을 거듭하며 뮤지컬 역사상 가장 성공적인 작품의 하나로 평가받고 있으며 한국에서도 1977년 이후 수차례 공연되었습니다.

하지만 그리스도의 인간적 면모를 과장되게 묘사하였고 막달라 마리아와의 관계, 그리고 예수가 죽음을 피하려 했지만, 우유부단한 빌라도가 죽음으로 내모는 설정 등에 대해 바티칸은 강하게 항의하였으며 이 뮤지컬을 금지하지는 않았지만 관람하지 말 것을 권고하였습니다.

이에 제작자 측에서는 막달라 마리아의 심한 노출을 수정하는 성의 표시를 하면서도 이 작품은 예수그리스도의 삶과 죽음에 관한 새로운 해석을 통해 그리스도의 인간적인 면모를 보여주어 많은 사람에게 그의 메시지를 더 잘 전할 수 있다고 항변했답니다.

제작진의 주장에도 타당성이 전혀 없지는 않지만, 제작진이 그리스도를 제대로 이해하고 이 작품을 만들었다면 얼마나 좋은 작품이 되었을까 하는 아쉬움이 큽니다.

"동감동고(同甘同苦)" 또는 "장동졸고(將同卒苦)"라는 말이 있는데 이는 장수가 부하들의 어려움을 이해하고 공감하며 함께하는 리더십을 말합니다. 그런데 보이는 곳에서는 장수가 군사들과 허접한 밥을 함께 나누어 먹으며 고생하나, 군사들이 안 보이는 곳에서는 장수상(왕이 장수에게 보낸 음식)을 몰래 먹는다면 리더십 손상과 신뢰 상실은 물론 장수와 군사가 한 몸처럼 되기 위해 그동안 애써 고생한 보람도 한순간에 사라질 것입니다.

같은 이유로 인간으로 오신 예수께서 받으신 시험에는 하나님의 독생자로서 특권은 없었고 평범한 인간보다 더 힘든 시험을 끊임없이 받아야만 했습니다.

성서에서 예수의 시험에 대한 직접적인 언급은 3번의 시험이나, 마귀는 잠시 떠났다고 하여 이것이 끝이 아닌 것을 암시했습니다. 그리고 이후 성서에서 시험이라는 말이 명시되지는 않았습니다만, 우리가 짐작할 수 있는 시험에 대한 이야기들이 많이 있습니다.

이 시험을 보면 하나님의 진실하심과 인간에 대한 사랑을 다시 느끼게 됩니다.

이제 그 시험의 많은 기록 중 주목해야 할 몇 가지를 『신약성서』에서 찾아가 보겠습니다.

자신으로부터 온 시험

모세가 애굽에서 탈출한 후 이스라엘 백성을 인도하기 전에 40일 동안 시내 산에서 금식하며 하나님과 함께 시간을 보내고 십계명을 받았습니다. 예수 또한 메시아로서 공생애를 시작하기 전에 광야에서 40일 동안 하나님과 함께 보내며 영적으로 준비하셨습니다.

『마태(4:1-11)』, 『마가(1:12-13)』, 『누가(4:1-13)』에 기록된 3번의 시험은 자신으로부터 왔습니다.

우리가 많이 겪는 '스쳐 가는 잡념'은 무방비한 때에 우리의 뜻과 다르게 불쑥불쑥 찔러옵니다. 내가 왜 이런 나쁜 생각을… 하는 생각에 민망하기도 화가 나기도 하는 그런 유혹입니다. 어떤 때는 그 잡념이 짙은 유혹이 되기도 하고 타락으로 이끌기도 하는데 인간인 이상 이런 잡념을 뜻대로 통제할 수 없어 마음속으로 죄를 짓게 되는 경우도 적잖게 있습니다.

성서에서의 마귀는 '마음속의 마귀'이며 '교활한 유혹' 정도로 해석하는 것이 맞겠습니다.

1-1. 40일간의 금식을 마친 예수께서는 배가 고프셨습니다. '목표했던 금식 기간도 끝나 40일이나 굶주렸는데, 이제 내 능력으로 돌을 빵으로 만들어 먹는다고 누구에게 죄가 되는 것은 아니지 않은가, 세상 나가는 길에도 굳이 배를 곯으며 가야 하는가' 하는 생각이 들었습니다. 그렇지요. 수능 끝나고 내 돈으로 빵 사 먹는 것이 잘못일까요? 말하는 사람이 잘못이지.

하지만 예수께서는 사람이 떡만으로 살면 안 되고 하나님의 말씀으로 살아야 하는 것을 이내 생각하시고 배고픔까지도 하나님의 계획에 맡김으로써 신체적 욕구보다 하나님께 완전히 의지하는 메시아로서의 자세를 우선하고 실천합니다.

1-2. 이제 예수는 성령으로 거룩하신 분이 되었습니다. 그리고 무한한 능력도 갖추게 되었으니 예루살렘성전, 즉 거룩한 성전 꼭대기에서 사뿐히 뛰어내리면, 그곳은 항상 사람들이 북적거리는 곳이어서 하나님의 거룩한 분이라는 것을 아주 짧고 쉽게 많은 사람에게 알릴 수 있어 사명 완수에도 확실한 도움이 될 수 있을 것입니다.

주변에 이런 유혹에 빠진 목사님이나 전도사님들의 사례를 종종 볼 수 있는데, 이것은 경건하고 거룩한 사람을 타락시키기 좋은 '경건함의 유혹'입니다.

자동차 살 때 시험 주행 해보는 것은 그 자동차에 대한 약간의 불신과 과시가 밑바탕에 깔려 있는 것이고 **"네가 만일 하나님의 아들이거든 뛰어내리라"**는 유혹에는 '만일이라는 의혹'이 붙어 있어서 하나님이 주신 능력을 테스트도 해보고 동시에 과시하라는 것입니다.

그러나 예수께서는 이내 하나님이 주신 능력을 하나님의 뜻에 따라 사용해야 할 것을 생각하시고 **"주 너의 하나님을 시험치 말라"**고 정리하십니다.

1-3. 무협 소설에 보면 기연을 얻은 주인공이 외딴곳에서 수련을 마치고 세상으로 나와 그 넘치는 힘으로 예외 없이 군림천하(君臨天下) 하는데, 예수께서도 40일간의 금식기도 이후 무한한 능력과 지혜를 갖추시니 '내가 마음만 먹는다면 이 세상에 큰 권력을 세울 수 있다'는 생각이 스칩니다.

이것은 하나님께 대한 분명한 배신이지만, 눈 한번 질끈 감고 손만 내밀면

잡을 수 있을 것 같은 유혹이었습니다.

하지만 성령으로 충만하신 예수께 세상의 권력은 한낱 먼지 같아 유혹이 될 수 없었습니다.

과연 "**주 너의 하나님을 경배하고 다만 그를 섬기라**"고 일축하십니다.

예수께서는 이렇게 신체적 욕구, 정신적 욕구, 사회적 욕구의 세 가지 시험을 치렀고 마귀는 잠시 물러났다고 합니다만, 시험은 끝없이 계속되었고 십자가형 직전에 병사들이 진통제로 주는 쓸개 탄 포도주를 거부하시고 고통을 온전히 받아들이신 것도 메시아의 완성을 위하여 고통의 공포를 극복하신 사례로 볼 수 있을 것입니다. 만일 예수께서 다른 죄수들처럼 이 진통제를 의례적으로 복용하셨다면 예수께서도 육신의 고통을 피하려 약물에 의존했다는 억울한 해석이 안 나왔을까요?

사람으로부터 온 시험

2-1. 종교 지도자와의 갈등과 이들로부터의 시험이 참 많았는데
- 안식일에 손 마른 사람을 치료하신 일을 비판하여 안식일 훼손자로 몰아붙였습니다(막 3:1-6).
- 죄인과 함께 식사하시는 예수를 죄인의 범주에 넣으려 하였습니다(마 9:11).
- 제자들이 식전에 손을 씻지 않는 것으로 예수를 율법을 대적하는 자로 몰아갔습니다(마 15:2).

이외에도 지도자들은 간음한 여자, 로마에 대한 세금 등 수많은 함정으로 시험하였습니다만, 이런 시험은 예수의 놀라운 지혜와 단호한 논리로 비교적

쉽게 극복하십니다.

2-2. 예수의 지지기반이었던 따르는 무리가 정치권력으로 이스라엘을 구원해 달라 요구합니다.

5,000명을 먹이신 엄청난 능력을 보고 예수를 로마로부터 독립시키고 이스라엘을 구원하실 메시아라고 믿고 왕으로 옹립하려 하였지만, 예수께서 원하신 것은 하나님의 뜻이 이루어지는 영적 나라였습니다. 이와 비슷한 시험은 이미 광야에서 치른 적이 있었지요.

하지만 이번에는 애써 모아온 사람들에게 실망을 주어 떠나게 해야 했고, 예수 또한 그간 노력의 결과에 낙담했던 시험이었을 것입니다. 그러나 이 시험에 좌절하지 않으셨습니다.

2-3. 예루살렘에서 지도자들과의 갈등은 예수께서 오히려 그들을 공격하고 자극하시어 십자가형을 의도적으로 자초한 측면이 보입니다.

성전에서 장사치들을 쫓아내신 일은, 성전에서의 상행위를 눈감아 주고 이들의 뒷배가 되어 공생해 온 종교 지도자들을 대중 앞에서 정면 비난한 것이며, 새로운 권위가 그들의 권위를 누른 것입니다.

이에 위협을 느끼고 화가 난 그들이 몰려와 **"무슨 권세로 이런 일을 하느냐"**며 항의하였으나, 적당한 타협은커녕 당당한 반격으로 그들의 권위와 자존심을 또 한 번 무시하셨으며, 연이어 모세의 자리에 앉은 서기관과 바리새인을 대중들 앞에서 공개적으로 위선자라 비판하십니다.

당한 입장에서 얼마나 창피하고 화가 났을까요? 더구나 다 맞는 말씀만 하시니 화만 더 나지요.

이런 일들은 바보가 아니면 하지 않을 일이며, 이 일의 결과가 어떠할지 누구보다 잘 아시는 예수께도 절대 쉬운 행동이 아니었으니, 『누가복음(22:44)』에서도 "예수께서 힘쓰고 애써 더욱 간절히 기도하시니 땀이 땅에 떨어지는 피방울 같이 되더라"고 기록되어 있습니다. 그러나 일말의 망설임도 없이 해야 할 말씀을 단호하게 하신 것은 수일 내 닥칠 고난에 대한 두려움보다 메시아로서의 사명을 앞에 두고 이겨내셨음을 보여줍니다.

2-4. 사랑하는 제자 베드로의 애원과 회유

예수께서 예루살렘에서 십자가에 못 박히실 것이라는 예수의 말씀을 듣고, 예수를 사랑하고 따르는 베드로는 안타까워 예수께서 십자가에 못 박히지 않도록 붙잡으며 "주여 그리하지 마옵소서" 합니다. 이에 예수께서는 "사탄아 내 뒤로 물러가라 네가 하나님의 일을 생각하지 아니하고 사람의 일을 생각하는도다(마 16:21-23)" 하시며 인간적인 정보다는 메시아의 사명을 먼저 생각하십니다.

그런데 겨우 이런 일로 사랑하는 수제자 베드로에게 사탄, 즉 예수를 유혹하는 자라니… 너무 심하신 것 맞지요?

그러나 예수께서 베드로에게 사탄이라고까지 칭하면서 불같이 화를 내신 것을 보면, 착하디착한 예수께는 베드로에게 인간적인 슬픔을 주게 되는 것이 우리가 생각하는 것보다 매우 어려운 시험이었다는 것을 역설적으로 표현하고 있습니다.

2-5. 막달라 마리아의 시선

'예수님도 우리와 똑같은 성적인 욕망이나 유혹에 시달리셨을까'라는 생각은 생각만으로도 죄스럽습니다.

그러나 정상적인 모든 사람이 겪는 성적인 욕망이 예수께 없었다면 이것은 분명한 회피이며, 예수께서 이것을 이기지 못할 것이라는 하나님의 판단 때문이라고밖에 설명되지 않습니다.

예수께서는 인간이 겪는 모든 시험을 특혜 없이 맨몸으로 받으셨기에 이 시험도 예외 없이 받으셨고 당당히 이겨내셨다고 생각하는 것이 맞습니다. 다만 여자인 막달라 마리아는 이 뮤지컬의 여주인공처럼 혼자 사랑에 빠져 혼란스러워하고 있었는지는 아무도 알 수 없습니다.

지혜롭고 사랑 많고 사명에 헌신하는 독신남을 어느 여자가 좋아하지 않을 수 있을까요? 그렇더라도 모든 것을 아시는 예수께서 마리아를 위해 기도해 주셔서 이성에 대한 사랑을 하나님에 대한 믿음으로 승화되도록 은총을 베풀어 주셨을 것이라고 봅니다.

"숨길 수 없는 것이 두 가지 있는데 그것은 사랑과 기침이다"라는 서양 속담이 있습니다.

따르는 수많은 사람들과 24시간 공동생활을 하면서도 그럴듯한 스캔들이 전혀 없던 것은 뮤지컬 《지저스 크라이스트 슈퍼스타》에서 묘사한 이성애는 허구라는 사실을 말해줍니다.

하나님으로부터 온 시련

"하나님은 친히 아무도 시험하지 않으신다(약 1:13)"고 합니다. 이 말은 하나님께서 사람이 죄를 짓도록 유혹하거나 고난을 주시지 않는다는 말이며, 사람의 믿음을 강화하고 성장시키기 위한 시련은 주십니다. 그래서 이 부분은 시험이 아닌 (메시아의 완성을 위한) 시련이 맞겠습니다.

3-1. 고난과 죽음의 사명 앞에 홀로 서심

"내 아버지여 만일 할 만하시거든 이 잔을 내게서 지나가게 하옵소서 그러나 나의 원대로 마옵시고 아버지의 원대로 하옵소서(마 26:39)" 하시며 이 시련을 앞두고 흔들리십니다.

만일 이런 흔들림과 망설임도 없이 여유 있게 십자가형을 받을 수 있었다면 인간이 아니었거나, 하나님의 보이지 않는 도움을 기대하셨던 것이겠지요. 그래서 이 망설임이 더 위대한 것입니다.

예수께서 "내 마음이 심히 고민하여 죽게 되었으니 너희는 여기 머물러 나와 함께 깨어 있으라(마26:38)" 하시며 힘든 과정에 제자들이 함께하여 힘이 되어주기를 제자들에게 3번이나 깨워가며 부탁하셨으나 예수께서 피땀을 흘리며 고민하시는 동안, 예수의 사랑하는 제자들은 남의 일처럼 쿨쿨 자고 있었습니다. 섭섭하고 화가 나는, 아니 무조건 화를 내야 하는 괘씸한 상황이었지만 예수께서는 오히려 무안한 제자들을 위로해 주십니다. 그런데 왜 제자들은 예수의 절실한 부탁을 외면하고 모두 잠을 자고 있었을까요?

생각해 보면 제자들의 이 잠도 메시아가 되기 위해 홀로 서야 할 예수를 위해 하나님께서 주신 시련으로 보는 것이 맞겠습니다.

3-2. "나의 하나님, 나의 하나님, 어찌하여 나를 버리셨나이까(마 27:46)"

예수님의 이 절규에 마음 아프면서도 무슨 이유일까 궁금하시지요?

33년 인생을 오로지 메시아의 삶만을 사신 예수께서 왜 버려졌다고 생각하시게 되셨을까요?

"셋의 자손 에녹은 하나님이 그를 데려가셨다(창 5:24)"고 하며,

"엘리야는 회리바람을 타고 승천하였다(왕하 2:11)"고 합니다.

예수께서는 하나님과 항상 소통하시는 분이며 심지어 돌아가시기 약 열흘 전에는 기도 중에 모습이 변모되셨고 모세와 엘리야가 현신하여 예수를 찾아

뵙기도 하였습니다.

그러므로 예수께서 메시아로서의 사명을 마치고 십자가 위에서 돌아가실 때는 최소한 하나님의 위로를 받으면서 고통도 잊고 편안하게 돌아가시는 것이 우리들의 행복한 상상입니다.

우리 주변에서도 하나님의 위로를 받아 행복하게 떠나는 사람들을 많이 봅니다만, 대부분의 사람이 죽을 때는 불안과 자포자기 속에 혼자 생을 마감하게 됩니다.

예수는 낮은 데 임하셨고, 예수를 보내신 하나님께서는 끝까지 진실하셨습니다.

그래서 특혜는 없었고 보통 사람이 죽음을 홀로 맞이해야 하는 것과 같이 예수의 기도에 하나님은 응답하지 않으셨고, 제자들에게조차 외면받은 예수께서 죽음을 홀로 맞이시도록 버려두신 것 같습니다. 가장 고통스러운 시간을 하나님과의 대화로 견디시려던 예수께서는 당황하여 무엇이 잘못되었는지 짚어보아야 했고 "왜 나를 버리셨나이까" 하며 하소연하셨습니다.

이것은 공평한 시련이 아니라 예수께는 너무 가혹한 처분이었습니다.

사랑을 모르는 사람이 사랑을 잃는 것에는 고통이 작습니다만, 모든 것을 바쳐 사랑하는 분이 연락을 끊었다면 그 이유가 궁금하고 더 고통스러운 것이기 때문입니다.

그러나 지혜로우신 예수께서는 이내 하나님의 뜻을 깨달으셨습니다.

"**예수께서 신 포도주를 받으신 후 가라사대 다 이루었다 하시고 머리를 숙이시고 영혼이 돌아가시니라**(요 19:30)"고 기록되어 있습니다.

이는 예수께서 잠시의 의문 뒤에 메시아로서의 사명을 하나님의 계획대로 완수하였음을 확신하심과 동시에 하나님께서 예수의 마지막 기도에 응답하지 않으신 것이 인간으로 오신 예수께서 그리스도로서 신성(神性)을 이루기 위한 마지막 시련이었으며 인간에게 끝까지 진실하시려는 하나님의 뜻임을 깨닫고, 모든 시험을 이겨내고 사명을 완수하셨음을 선언하신 혼자 말씀이 **"다 이루었다"**였습니다.

이 마지막 시련에서 인간에게 끝까지 진실하시기에 더욱 위대하신 하나님을 볼 수 있었습니다.

만일 예수께서 인간으로 오시지 않고 신성을 지닌 채 오셨다면, 인간에게 쉽게 하나님을 알리고 따르게 할 수 있었을 것입니다만, 인간은 하나님을 사랑하기보다 두려워하여 하나님이 원하시는 관계를 형성할 수 없었을 것입니다.

인간으로 오신 예수는 우리에게 이 세상을 사는 방법과 하나님이 어떤 분이신지, 무엇을 원하시는지 알려주셨으며 인간으로서 본보기가 되어주셨습니다.

예수의 시험과 시련을 통하여 하나님께서 우리를 얼마나 사랑하셨기에 이처럼 고통스러운 희생을 몸소 치르시며 인간과의 관계에 이토록 진실하셨을까 생각이 들었습니다만, 그 거짓 없는 사랑의 끝, 그 진실하심의 끝은 우리가 영원히 알 수 없을 것입니다.

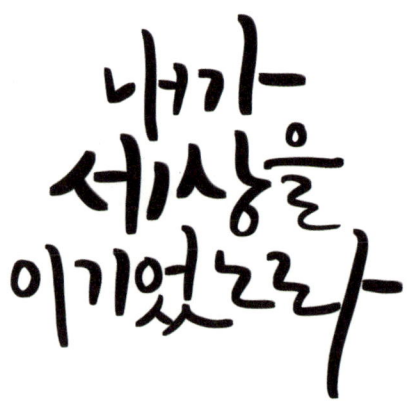

Our Father which art in Heaven, hallowed be Thy name. Thy kingdom come. Thy will be done in Earth as it is in Heaven. Give us this day our daily bread, and forgive us our trespasses as we forgive them that trespass against us. And lead us not into temptation, but deliver us from evil, for Thine is the Kingdom, the Power, and the Glory, for ever and ever. Amen.

주의 기도

The Lord's Prayer(주기도문)

노래 Sister Janet Mead

🔘

아놀드 스트랄스(Arnold Strals)가 작사·작곡했고 호주의 수녀 자넷 미드(Janet Mead)가 노래한 〈주기도문〉은 1973년 발표되어 큰 인기를 끌어 2004년에 황금 가스펠상(Golden Gospel Award)을 수상했으며, 한때 한국에서는 거의 국민 팝송처럼 많이 들리던 노래입니다.
자넷 미드는 1938년에 출생했고 피아노와 성악을 공부했고 3옥타브의 음역을 가졌습니다.
참고로 〈주기도문〉은 같은 제목의 다른 노래가 많아서 가수 이름으로 찾아야 합니다.

Our father, which art in heaven, Hallowed be thy name,
하늘에 계신 우리 아버지 아버지의 이름을 거룩하게 하시며
Thy kingdom come,
아버지의 나라가 오게 하시며
The will be done on earth as it is in heaven
아버지의 뜻이 하늘에서와 같이 땅에서도 이루어지게 하소서

Our father, which art in heaven, Hallowed be thy name,
하늘에 계신 우리 아버지 아버지의 이름을 거룩하게 하시며
Thy kingdom come,
아버지의 나라가 오게 하시며
The will be done on earth as it is in heaven
아버지의 뜻이 하늘에서와 같이 땅에서도 이루어지게 하소서

Give us this day our daily bread, Forgive us our trespasses
오늘 우리에게 일용할 양식을 주시고
As we forgive them who trespass against us,
우리가 우리에게 잘못한 사람을 용서하여 준 것 같이
Forgive us our trespasses
우리 죄를 용서하여 주소서

Our father, which art in heaven, Hallowed be thy name,
하늘에 계신 우리 아버지 아버지의 이름을 거룩하게 하시며
Thy kingdom come,
아버지의 나라가 오게 하시며
The will be done on earth as it is in heaven
아버지의 뜻이 하늘에서와 같이 땅에서도 이루어지게 하소서

주의 기도 The Lord's Prayer (주기도문)

Our Lord lead us not into temptation But save us from evil
우리를 시험에 빠지지 않게 하시고, 다만 악에서 구하소서
And the kingdom, the power And the glory forever will be yours
나라와 권능과 영광이 영원히 아버지의 것입니다

Our father, which art in heaven, Hallowed be thy name,
하늘에 계신 우리 아버지 아버지의 이름을 거룩하게 하시며

Thy kingdom come,
아버지의 나라가 오게 하시며
The will be done on earth as it is in heaven
아버지의 뜻이 하늘에서와 같이 땅에서도 이루어지게 하소서

Our father, which art in heaven, Hallowed be thy name,
하늘에 계신 우리 아버지 아버지의 이름을 거룩하게 하시며

Thy kingdom come,
아버지의 나라가 오게 하시며
The will be done on earth as it is in heaven
아버지의 뜻이 하늘에서와 같이 땅에서도 이루어지게 하소서

Janet Mead는 어린 시절부터 음악에 대한 사랑을 키워 10대 초반부터 오페라와 뮤지컬 그리고 성가대에서 노래하기 시작했고, 17세 때 Mary Ribera 라는 수녀명을 받음으로써 착하고 재능 많은 한 처녀가 총각들의 눈앞에서 사라집니다.

그녀는 어릴 때부터 음악과 신앙을 결합하는 데 큰 관심을 보였으며, 33세의 나이에 자신의 솔로 경력을 시작하여 〈주기도문〉이 들어 있는 앨범 《in the spirit》을 발표했습니다.

그녀는 꾸밈없고 밝은 목소리로 〈주기도문〉을 감동적으로 해석했다는 평을 받았으며, 다양한 언어로 많은 사람들에게 사랑받았는데, 음치인 내가 듣기에도 리베라 수녀의 음성은 주님을 많이 사랑하는 사람의 기쁜 목소리라는 느낌을 갖게 합니다.

Sister Mary Ribera는 음악적 재능과 종교적 신념에 대한 헌신과 겸손하고 친절한 성품으로 유명하였으며 2022년 84세의 나이로 하나님의 품에 안겼습니다.

'주의 기도'에 들어가기 전에 기도하는 자세에 대해 먼저 생각해 보겠습니다.

기도는 바른 자세로 정성껏 하기만 하면 된다고 알고 있었는데, 사실 이것이 쉽지 않습니다.

기도를 깜박 잊고 잠자리에 기어들었다가 다시 옷을 주워 입어야 했을 때도 있었고, 술 마시고 기도하면서 죄책감을 가져야 했던 경우도 있었습니다.

그래도 이 정도의 작은 성의도 없으면 무슨 기도가 될까?

오랜 시간의 갈등 끝에 드디어 얻은 결론은 나와 하나님과의 설정된 관계가 무엇인가 하는 것이 먼저이고 기도하는 자세는 그것에 맞추어지면 된다는 것입니다.

하나님을 위대하신 분으로 설정해 놓았으면 목욕재계하고 정성껏 기도할수록 좋겠습니다.

그러나 하나님을 부모님으로 설정해 놓았으면 복장에 관계없이 편안하게 자주 기도하는 것도 맞습니다. 그런데 하나님과의 관계 설정은 전자레인지 타이머 맞추듯이 그냥 맞추면 되는 것이 아니고 내 마음에 스스로 받아들여지는 관계가 진짜 관계일 것입니다.

(사족: 기독교의 사도신경에 해당하는 이슬람의 신앙고백, 샤하다(Shahada)는 "알라 외에는 신이 없으며, 무함마드는 알라의 사도입니다"이며, 정해진 기도문이 없이 하루 5번 의무적으로 드리는 코란 암송 위주인 샬라트(Salah)의 시작과 끝에는 탁비르(Takbir) 곧, "알라후 아크바르 (알라는 위대하시다)"를 외친다고 하니 이슬람에서는 위대한 분으로 설정하였습니다)

그다음 문제는 무슨 기도를 어떻게 하느냐 하는 것입니다.

우리가 직장생활을 하면 윗분들에게 보고할 일이 많은데, 아나운서가 방송 연습하듯이 하루 종일 중얼거리며 보고 연습을 철저히 하고 들어가는 직원이 윗분들에게 스마트하다고 평가받더군요.

반면 나는 윗사람에게 준비 없이 보고하다가 순서가 꼬여서 횡설수설하게 되는 경우가 있었는데, 이럴 때 높으신 분은 점잖게 한마디 하십니다. "정리해서 다시 보고하세요"

나처럼 말을 조리 있게 할 줄 모르는 사람들은 기도를 드릴 때도 역시 횡설수설할 때가 많습니다.

횡설수설하면 아무리 친한 사이라도 귀담아듣지 않게 되는데, 하나님이 우리를 친구처럼 편하게 받아주신다고 하셨어도 이것은 큰 실례가 맞을 겁니다.

하지만 조리 있게 기도하려고 신경 쓰다 보면 형식적인 기도가 되어버립니다.

그래서 기도하기 전에 한 30초에서 1분 정도 무엇을 기도할 것인지 정리해

서 기도를 하지만,

정리 끝에 친구는 역시 옛 친구, 기도는 역시 '주의 기도'로 결론 나는 날이 많습니다.

아마 개신교에서는 나보다 '주기도문'을 많이 드린 사람이 그다지 많지 않을 겁니다.

내가 가톨릭에 속했을 때, 고해성사를 하면 보속(속죄)을 위해 신부님이 가장 많이 주시는 과제가 '주기도문' 10번 또는 100번 드리는 것인데, 자랑 같지만 나는 200번도 몇 차례 받아보았습니다. 왜 그런 중형을 받아야 했는지는 다행스럽게도 기억이 나지 않아 소개해 드릴 수 없습니다. 어쨌든 '주기도문'에 대해 그만큼 친근감을 느낍니다.

'주기도문'은 예수님께서 제자들에게 가르쳐 주신 기도로 『마태복음(6:9-13)』과 『누가복음(11:2-4)』에 기록되어 있으며 기독교에서 가장 중요한 기도 중 하나로서, 언어는 다를지라도 주의 기도는 전 세계 곳곳에서 한순간도 끊임없이 기도드려지고 있을 것입니다.

첫째, 경배와 찬양

■ 하늘에 계신 우리 아버지

하나님을 아버지로 정의하며 시작하는데, 이 호칭이 기독교에서 갖는 의미는 매우 중요합니다.

이는 일방적인 경배와 순종이 아닌 의와 사랑으로 서로 하나 된 관계를 원하신다는 뜻입니다.

『요한복음(5:18)』에 보면 "유대인들이 이를 인하여 더욱 예수를 죽이고자 하니 이는 안식일만 범할 뿐 아니라 하나님을 자기의 친아버지라 하여"라는 구절에서 보듯 위대하신 하나님을 인간이 자기 마음대로 아버지라고 칭한다면 큰 불경이 되지만, 이 기도문의 가장 첫머리에 하나님이 인간과 원하시는 관계를 직접 정의해 주셨는데, 이는 '하나님은 위대하신 창조주로서 경배를 받기보다 인간이 아버지 하나님의 당당한 자녀로서 하나님과 서로 마주 사랑하기를 더 원하신다'는 것을 가르치신 것입니다.

하나님은 어느 곳에나 계신 분이지만, "하늘에 계신"이라고 표현한 이유는 하늘은 끝없이 높은 곳이며 땅을 굽어보는 곳 즉, 거룩한 곳을 상징합니다. 그러므로 "하늘에 계신 우리 아버지"는 "거룩하신 우리의 아버지, 하나님"을 뜻한다고 보면 될 것입니다('art'는 동사로 사용되면 '존재하다'라는 뜻이 있다네요).

■ 아버지의 이름을 거룩하게 하시며

원래 거룩하신 이름을 하나님이 거룩하게 하신다? 이 부분은 언뜻 이해하기 어려운 부분입니다.

만일 내가 세상에 태어나지 않았다면, 당연히 나는 하나님이 창조하신 세상을 알 수 없었겠지요.

같은 이치로 나의 영혼이 하나님을 모른다면, 하나님의 거룩한 이름이 내게 거룩히 빛날 수 없습니다.

바로 이 세상에서 더 많은 영혼이 하나님을 알고 기뻐하는 것이 하나님의 이름을 더욱 거룩하게 하는 것입니다. 그러므로 이 기도는 모두가 하나님을 알고 하나님을 함께 찬미하도록 하나님께서 역사해 달라는 기도입니다.

- 아버지의 나라가 오게 하시며
  아버지의 뜻이 하늘에서와 같이 땅에서도 이루어지게 하소서

아버지가 자식에게 바라는 것은 무엇일까요?

두말할 것도 없이 바로 자식들이 화목하고 행복하게 살아가는 것입니다.

그렇다면 아버지의 나라는 하나님의 이런 뜻이 행해지는 세상이니 사람들이 서로 사랑하며 행복한 세상이 됩니다. 내가 모든 인류를 다 사랑할 수는 없어도 내 가족, 내 이웃을 사랑하며 행복하게 살아간다면 하나님의 뜻이 이 세상에서 이루어지는 것입니다.

이것은 하나님께 구하는 기도인 동시에 우리도 마음속의 미움과 이기심을 버리고 사랑을 키우는 노력을 함께 주문하신 것이기도 합니다.

둘째, 일상에서 구함

- 오늘 우리에게 일용할 양식을 주시고

내가 회사를 만들고 직원을 채용하였다면 월급을 주어야 할 의무가 있습니다. 하나님이 인간을 창조하셨으면 인간이 먹고살게 해줄 의무가 있습니다.

이스라엘 민족이 이집트를 탈출하여 하루 이틀도 아니고 그 험한 사막에서 40년이나 지내면서도 굶어 죽은 사람이 없었습니다.

이스라엘 민족을 이집트에서 인도하여 내신 여호와의 책임이 이것이고 인간을 만드신 창조주의 책임도 바로 이것입니다.

그런데, 부모는 아이를 위해 밥을 주는 것이 당연하지만, 부모가 혹 밥을 안 줄까 불안해한다면 분명 정상적인 가족관계가 아닐 것입니다.

어쨌든 부모에게는 지금 먹을 끼니에 다음 끼니도 함께 달라고 하지 않습니다.

그래서 "일용할 양식"이라는 말씀을 통하여 우리에게 양식 걱정보다 먼저 부모 자식의 관계에 대한 믿음을 먼저 주문하신 것입니다.

『신약성서』 4 복음에 모두 소개된 예수의 산상 설교에서도 "너희는 먼저 그의 나라와 그의 의를 구하라 그리하면 이 모든 것을 너희에게 더하리라"고 하셨습니다.

여기에서 "의를 구하라"는 말씀은 하나님의 나라, 하나님의 뜻을 최우선으로 하는 삶 또는 하나님의 사랑을 이야기하지만, 하나님을 나의 부모로 받아들이고, 하나님께서 나를 자녀로 받아주신 것을 믿는 것도 하나님의 뜻에 따르는 것이므로 이와 같은 의미가 됩니다.

그러면 부모 자식 간에 "이 모든 것을 너희에게 더하리라"는 말씀이 성립되는 것이 당연합니다.

■ 우리에게 잘못한 사람을 우리가 용서하여 준 것 같이 우리 죄를 용서하여 주시고

『마태복음(18:23-36)』 "'무자비한 종의 비유'에서 어떤 임금이 일만 달란트 빚진 종의 사정을 불쌍히 여겨 탕감하여 주었는데, 그 종이 나가 자기에게 일백 달란트 빚진 동관을 잡아 사정없이 옥에 가둔 것을 임금이 듣고 '내가 너를 불쌍히 여김과 같이 너도 네 동관을 불쌍히 여김이 마땅치 아니하냐 하고… 그를 다시 옥졸들에게 붙이니라'"의 비유가 이를 설명합니다.

내가 용서받고 싶으면 남을 용서해야 하는 것에 이 이상의 설명은 필요 없을 것 같습니다.

셋째, 영혼을 지켜주시기를 구함

■ 우리를 시험에 빠지지 않게 하시고

"마음에 하고 싶은 대로 해도 법도에 어긋나지 않더라(從心所欲不踰矩: 종심소욕불유구)", 공자가 나이 칠십을 이야기한 말입니다. 공자야 고희를 넘겼으니, 성욕도 없고, 살 만큼 산 나이이며, 자손과 돈과 지위도 다 있어 더 이상 욕심 부릴 것도 없으니 당연히 시험에 빠질 일도 없었겠지요.

또 이런 이야기를 대단한 듯 받아 적어주는 제자들까지 있으니 팔자는 타고난 노인네입니다.

하지만 생계를 책임진 가장들, 그만 아프고 싶은 환자들, 손주들에게 용돈을 주고 싶은 할아버지, 호기심 왕성한 피 끓는 청춘들에게는 각각 감당하기 힘든 시험이 있고 욕망과 본능은 버려지지 않으니, 유혹은 나를 괴롭히고 타락의 길로 빠져들게 합니다.

그래서 스스로 극복하기가 어려운 시험을 당할 때, 또는 시험이 오지 않도록 하나님께 도움을 청하라 하신 것입니다.

하지만 극복하려는 자신의 의지가 없다면 이미 유혹에 빠진 것입니다.

이럴 때는 의지를 달라고 기도하는 의지라도 있어야 합니다.

■ (다만) 악에서 구하소서

내가 이미 유혹에 빠져 악을 행하는 사람이 되어 있든, 또는 악의 손아귀에 들어 피해자가 되었든 내 의지로는 극복할 수 없는 상황에서 하나님께 구하는 기도입니다.

이 기도에는 "다만(But)"이 붙어 있는데 왜 여기에 붙어 있을까요?

여기 "다만"은 "악에서 구하소서"를 강조하러 들어간 것이 아니고 앞에 드린 기도에서 내가 해야 할 일을 상기시킨 것입니다. 특히 유혹에 견디려는 자신의 의지를 강조하는 단어입니다.

모든 기도에는 하나님께 구하는 동시에 내가 먼저 해야 할 일이 있었습니다.

아버지의 이름을 거룩히 하고 아버지의 뜻이 이루어지기 위해서는 먼저 나의 마음에 사랑을 키워야 하고

양식을 구하기 전에 하나님과의 관계에 대한 믿음을 주문하셨고

나의 잘못을 용서해 달라고 하기 전에 남을 용서하라 하셨고

특히 시험에 빠지지 않게 기도하기 위해서는 나의 의지와 노력이 있어야 합니다.

다만 한 가지, 죄악에 이미 빠져 자신도 어쩔 수 없을 때는 구원을 기도하라는 것입니다.

넷째, 영광송

- 나라와 권세와 영광이
  아버지께 영원히 있사옵니다. 아멘(마 6:13)

'주의 기도'는 자체만으로 완전한 기도인데 끝에 사족처럼 영광송이 붙어 있는 것은 왜일까요?

영광송의 정확한 유래는 알려지지 않았으나 중세 시대에 주의 기도를 낭독

한 후, 그 기도가 이루어지기를 바라는 마음으로 '영광송'을 붙이기 시작했다고 알고 있는데,

다니엘이 이상 속에 받은 계시, "그에게 권세와 영광과 나라를 주고 모든 백성과 나라들과 각 방언하는 자로 그를 섬기게 하였으니 그 권세는 영원한 권세라 옮기기 아니할 것이요 그 나라는 폐하지 아니할 것이니라(다 7:14)"에서 인용한 것으로 보이는데,

"나라"는 창조주이신 하나님의 주권과 통치권을 말하며

"권세"는 주권과 통치권을 실현할 무한한 능력을 말합니다.

"영광"은 하나님의 나라가 이루어질 것을 기원하는 뜻을 가지고 있으며, 동시에 주기도 본문에서 "아버지의 이름을 거룩하게 하시며"의 응답입니다.

"아버지께 영원히 있사옵니다"라는 말은 하나님의 영원성과 절대성을 믿고 따르겠다는 신자들의 신앙고백이라 정리할 수 있겠지요.

예수께서 우리가 기도에 앞서 이기적인 마음이 아니라 하나님의 뜻에 따라 구하고 있는지를 성찰하고 우리의 삶에서 실천하기를 원하신 것은 너무나 합당합니다.

'주의 기도'에는 하나님과 인간의 관계, 우리가 해야 할 것과 구해야 할 것, 하나님이 해주실 것과 바라시는 것이 들어 있는데, 예수께서 가르치시는 모든 것이 함축된 금과옥조이며 구구절절 하나님께 대한 신뢰가 담겨 있어 이 기도문을 대할 때마다 역시 하나님이 아니시면 이런 기도를 인간에게 주실 수 없을 것이라는 감탄과 고마움이 절로 나옵니다.

정리하는 의미에서 '주기도문'을 쉬운 말로 바꾸어 보겠습니다.

거룩하신 우리 아버지, 하나님
세상 모든 사람이 하나 되어 하나님을 찬미하게 하여 주시고
모든 사람이 서로 사랑하여 행복한 세상을 이루도록 해주소서.
우리는 아버지의 자식이오니
우리에게 필요한 것은 아버지께서 주실 것입니다.
우리에게 잘못한 이는 우리가 용서하오니
우리의 죄도 이같이 용서하여 주시오며
유혹에 견딜 수 있는 의지를 우리에게 주옵소서.
그러나 우리가 악에 빠졌을 때는 우리를 악에서 구해주소서.

아멘!

부활

Morning Has Broken(아침이 밝았다)

노래 Cat Stevens

이 노래는 원래 스코틀랜드 수도원에서 경건음악으로 불리던 민요인데, 스코틀랜드 여행 중이던 Eleanor Farjeon이 듣고 영어로 번역해 발표하였습니다. 1929년 영국 시인인 William C. Dix 작사, 미국 음악가 William H. Duane이 편곡하여 1931년부터 영국의 찬송가로 사용되었으며, 런던 출신의 싱어송라이터 Cat Stevens가 1971년 발매하여 미국 빌보드 싱글차트 6위, 이지 리스닝차트 1위를 기록하였으며 Neil Diamond, Michael Holm 등 많은 가수들이 불렀습니다.

Morning has broken like the first morning
아침이 밝았네, 최초의 아침같이
Blackbird has spoken like the first bird
찌르레기가 노래하네 최초의 새처럼
Praise for the singing. praise for the morning
그 노래를 찬송하여라. 그 아침을 찬송하여라
Praise for the springing fresh from the world
세상에서 솟아나는 신선함을 찬송하여라

Sweet the rain's new fall sunlit from heaven
새로 내린 비는 상큼하고 하늘에서는 햇살이 비추네
Like the first dewfall on the first grass
풀잎 위에 맺은 최초의 이슬같이
Praise for the sweetness of the wet garden
촉촉하게 젖은 뜰의 싱그러움을 찬송하여라
Sprung in completeness where his feet pass
주님의 발이 닿은 곳에서 온전함이 솟아 나왔네

Mine is the sunlight mine is the morning
그 햇살은 나의 것 그 아침은 나의 것
Born of the one light Eden saw play
하나의 빛으로부터 태어난 에덴이 그것을 보았으니
Praise with elation
큰 기쁨으로 찬송하여라
Praise every morning
매일 아침 찬송하여라
God's recreation of the new day
하나님이 새로이 창조하신 새날을

Morning has broken like the first morning
아침이 밝았네, 최초의 아침같이
Blackbird has spoken like the first bird
찌르레기가 노래하네 최초의 새처럼
Praise for the singing. praise for the morning
그 노래를 찬송하여라. 그 아침을 찬송하여라
Praise for the springing fresh from the world
세상에서 솟아나는 신선함을 찬송하여라

싱그러운 숲속의 아침은 아이들에게도 영감을 주나 봅니다.

내가 설악산으로 중학교 수학여행을 갔을 때 새벽에 선생님들이 신흥사 산책을 하라며 학생들을 호들갑스럽게 깨웁니다. 그때 숲이 이슬에 젖어 내뿜는 냄새를 맡으면서 "새벽은 내가 사는 세상과 다르구나" 한 적 있습니다. 벌써 50년이 넘었어도 그 내음과 이슬의 감동은 아직도 생생합니다. 그때 안 일어나려고 이불 뒤집어쓰고 버티던 저를 강제로 깨워준 수학 선생님께 아직도 감사하게 생각하고 있습니다. 그런데 스코틀랜드 수도사들은 그 아침을 이렇게 노래하고 있었네요.

이 노래는 수많은 가수가 불렀으나 미국에서의 첫 발표는 키프로스 출신 Cat Stevens이었습니다.

그는 1948년생으로 교육·인권·자선 운동가이자 싱어송라이터이고 가톨릭 신도로 자랐으나, 1971년 이슬람으로 개종하며 이름을 Yusuf Islam으로 바꾸었는데 Yusuf란 '하나님께서 구원하신다'라는 뜻이랍니다.

Cat Stevens는 이 노래를 순수하고 여린 목소리로 담백하게 표현했지만, 나는 그의 종교적 방황 여부를 떠나 호소력 있는 Neil Diamond의 노래를 추천합니다.

어쨌든 Cat Stevens의 꾸밈없는 음색과 더불어 이 노래의 가사가 부활절의 의미를 잘 표현한다고 평가받으면서 많은 교회에서 이 노래를 부활절 예배에 연주하기 시작했습니다.

부활이라면, 제사·희생·어린 양 등 어렵고 재미없는 말로 설명하는데, 이런 말은 신학 공부 많이 하신 분들이 사용하면 될 것이고, 다행히 이 노래는 모두가 쉽게 공감할 수 있는 이야기입니다.

그런데 이 노래가 왜 부활을 상징하는 노래가 되었는지 짐작하시나요?

그리스도는 2,000년 전에 돌아가셨으나 우리와 매일매일 함께 계신 것 같이 태초의 첫 아침은 이미 지나갔지만, 매일매일 다시 돌아와 온누리를 밝게 비춰줍니다. 태초의 그 새는 이미 과거에 죽었지만, 매일매일 태초의 새처럼 노래합니다.

바로, 그리스도의 부활과 '함께하심(임재)'의 의미를 이 노래에서 찾을 수 있기 때문입니다.

그래서 이 노래에서 자연에 대한 경외감과 함께 이 아침을 항상 주시는 하나님께 감사한 마음이 드는 것은 덤입니다.

그런데 기독교 신자들은 모두 부활을 믿고 있을까요?

한국갤럽이 2023년 7월 만 18세 이상의 성인 1,000명을 대상으로 실시한 조사에 따르면, 한국 크리스천의 86%가 부활을 믿는다고 응답했다고 합니다.

조사 결과에 따르면, 연령이 높을수록, 종교활동 참여도가 높을수록 많았고 여성보다 남성의 부활 믿음이 높았는데, 부활을 믿는 이유로는 "성경에 기록되어 있기 때문에(58%)", "기독교의 기본 교리이기 때문에(29%)", "개인적인 체험 때문(13%)" 등이었답니다.

믿지 않는다고 응답한 사람은 14%였는데 이들은 "과학적으로 증명되지 않았기 때문(42%)", "개인적으로 이해하기 어렵기 때문(32%)", "기독교의 교리 중 하나일 뿐이라고 생각하기 때문(26%)" 등을 이유로 꼽았답니다.

함께 찬송가를 부르고 성경을 읽는 신자 중에서도 부활을 믿지 않는 비율이 14%랍니다.

2023년 12월 현재, 천주교 포함한 기독교인이 우리나라 인구 5,134만 명 중 28%인 1,433만 명이며 이 중 부활을 믿는 사람의 비율이 86%이니 우리나라 인구 100명 중 24명꼴입니다. 소돔 인구 수천 명 중에 의인 10명을 못 찾앉던 것에 비교하면 이 숫자만으로도 대충 100배 가까이 되겠네요.

또 신자가 아닌 중에도 의인이 많이 있으니, 우리나라에 아직 희망이 있는가 봅니다.

저의 신앙이 미숙했던 시절에는 예수를 선지자이며 뛰어난 사상가 정도로 생각하려 했습니다.

그래서 부활과 관련하여 소위 물적증거인 '빈 무덤'은 파수병의 증언(위증)과 경합되므로 증거로 인정하지 않았고 부활은 이후 세대가 만들어 낸 전설로 보는 것이 합리적일 것이라 생각하려고 노력(?)했지만, 나의 이러한 생각은 당연히 딜레마에 빠졌고, 나 스스로 부활이 거짓이라고 확신할 만한 답을 찾는 일은 미루고 미루어졌습니다. 왜 미루어졌을까요?

부활에 대해서는 무엇보다도 예수 자신이 부활에 대하여 직접 언급한 부분이 많이 나오는데,

마 16:21(막 8:31) "이때부터 예수그리스도께서 자기가 예루살렘에 올라가 장로들과 대제사장들과 서기관들에게 많은 고난을 받고 죽임을 당하고 제삼 일에 살아나야 할 것을 제자들에게 비로소 가르치시니"

마 20:18-19 "보라 우리가 예루살렘으로 올라가노니 인자가 대제사장들과 서기관들에게 넘기우매 저희가 죽이기로 결안하고 이방인들에게 넘겨주어 그를 능욕하며 채찍질하며 십자가에 못 박게 하리니 제삼 일에 살아나리라"

누 18:33-34 "저희는 채찍질하고 죽일 것이나 저는 삼일 만에 살아나리라 하시되, 제자들이 이것을 하나도 깨닫지 못하였으니 그 말씀이 감추였으므로 저희가 그 이르신 바를 알지 못하였더라"

요 2:19-21 "예수께서 대답하여 가라사대 너희가 이 성전을 헐라 내가 사흘 동안에

일으키리라 ~ 그러나 예수는 성전 된 자기 육체를 가리켜 말씀하신 것이라"
　마 12:40 "요나가 큰 물고기 배 속에서 사흘을 있었던 것 같이 인자도 밤낮 사흘을 땅속에 있으리라"

　예수가 부활하실 것을 예수 스스로 예언한 말씀이 이보다도 더 많이 기록되어 있으니, 만일 부활이 거짓이라면 예수는 거짓말쟁이 또는 거짓 선지자이며 성서는 처음부터 조작된 것이라고 밖에 볼 수 없게 되므로 부활에는 예수와 기독교의 진실성이 담보로 걸려 있는 것입니다.
　이는 예수는 물론, 2,000년 교회 역사와 함께 창세부터 메시아를 약속하신 하나님의 존재까지 의심받게 되는 중요한 화두입니다. 따라서 예수가 그리스도냐, 사기꾼이냐 하는 양자택일만이 있는 질문에서 예수를 인간적으로 존경한다는 어정쩡한 말은 성립되지 않습니다. 하나님과 부활을 함께 믿느냐 모두 안 믿느냐 하는 문제만 있을 뿐, 하나님은 믿는데 부활은 가짜라던 나의 주장은 딜레마에서 빠져나올 수 없었습니다.

　예수가 돌아가신 후 신자들의 믿음이 전파되는 그 상황을 돌아보겠습니다.
　예수가 처형되자 제자들에게는 세 가지 시련이 닥쳤습니다.
　첫째는 '하늘이라 믿은' 예수가 너무나 무력하게 온갖 조롱 속에 저항도 못하고 처형된 것에서 오는 충격, 절망 그리고 이어지는 믿음의 상실로 '내가 헛꿈을 꾸었던 것은 아니었는가' 하는 시험에 빠졌겠지요.
　마치 어린아이가 하루아침에 집과 부모를 모두 잃고 고아가 된 것 같은 공황 상태였을 것입니다.
　둘째는 예수가 새로운 왕국을 건설하려 했다는 반역 혐의와 자칭 하나님의 아들로서 로마의 신들을 부정하는 신성모독의 혐의도 함께 받았다는 것을 제자들은 알고 있었습니다. 따라서 자신들도 반역의 '잔당(殘黨)'으로서 같은 혐의를 받고 처형될 것이라는 두려움을 느껴 숨어들었는데, 오죽하면 예수의 시신을 안치하는 곳에도 제자들은 보이지 않았고 "막달라 마리아와 요세의 어머니 마리아가 예수 둔 곳을 보더라(막 15:47)"고 기록되어 있습니다.

셋째는 또한 수제자 베드로의 약한 모습은 다른 제자들에게 버틸 의지를 꺾게 만들었고, 동고동락하던 가룟 유다의 배신은 동료들의 수치심과 함께 누구도 믿지 못할 상황을 가져왔습니다.

거기다 모든 제자가 겁에 질려 예수를 외면하였으니 스스로 명분도 잃어버렸습니다.

예수의 제자들은 숨 막히는 두려움으로 은둔하거나 예루살렘을 떠나 다른 지역으로 뿔뿔이 흩어져 문을 꼭꼭 닫고 있었습니다(요 20).

예수를 믿으며 함께 꿈꾸던 좋은 시절이 그의 죽음과 함께 사라진 것은 믿든 안 믿든 엄연한 현실이었고, 예수께서 죽은 지 3일 만에 다시 살아나신다고 하셨지만, 경황이 없어 기억도 안 날뿐더러 믿지도 않았습니다.

설사, 무력한 예수가 다시 살아나신들 제자들과 함께 숨어 계실 수밖에 없을 테니 기대도 희망도 가질 수 없습니다.

그러니 확실히 믿을 수 있는 몇몇 공범들(?)끼리 자포자기 속에서 무엇이 잘못되었는지 처음부터 곰곰이 복기하며 살길을 찾아야 할 때였습니다.

그리고 다음 순서는 살길을 찾아 유력한 유대 지도자에게 구명줄을 대는 일일 것입니다.

이 과정에서 예수를 욕하며 "나도 피해자"라고 주장하거나, 잔당(제자들)이 숨은 곳을 신고하겠다는 배신자들이 잇달아 나오며 예수를 따르던 무리는 흔적 없이 사라지는 것이 정해진 순서입니다.

잘나가던 열두제자 중의 하나가 예수를 돈 받고 팔아넘겼고, 수제자는 예수를 모르는 사람이라고 부인하며 도망쳤으니, 오합지졸보다 더 형편없는 그들에게 무엇을 기대할 수 있을까요?

제자들 스스로도 창피했을 겁니다. 무엇을 할 수 있었을까요? 의지도 없었습니다. 희망은 당연히 없었고…

그러나… 이 최악의 절망 뒤, 정말로 아무도 이해하지 못할 엄청난 반전이 펼쳐졌습니다.

절망에 빠져 깊이 숨어 좌절하고 있던 제자들은 세상의 모든 것을 얻은듯한 기쁨과 확신에 차서 뛰쳐나왔고, 반역이나 신성모독이나 유대인의 탄압이나 내부 고발자의 위험에도 아랑곳하지 않고 모두가 당당하게 하나님의 아들이 부활하셨음을 선포하며 미칠 듯이 기뻐하였습니다.

예수를 믿는 신자의 수는 폭발적으로 늘었고 이후 많은 신도가 예수와 그분의 말씀을 전파하는 데 목숨을 걸었습니다.

원인이 무엇이든 이 반전 상황은 의심의 여지가 없는 사실(Fact)인 것을 모두 알고 있습니다.

그 반전이 계속 이어져 2,000년이 지난 오늘도 이 세상 곳곳에 많은 이들이 예수를 따르는 것이 그 사실을 증거하기 때문입니다.

이쯤에서 예수가 제자들에게 하신 말씀을 다시 생각해 봅니다.

그리스도라는 증거 요구에 대하여 "나는 사람에게서 증거를 취하지 아니하노라"시며 "내게는 요한의 증거보다 더 큰 증거가 있으니, 아버지께서 내게 주사 이루게 하시는 역사(役事) 곧 나의 하는 그 역사가 아버지께서 나를 보내신 것을 나를 위하여 증거하는 것이요 또한 나를 보내신 아버지께서 친히 나를 위하여 증거하셨느니라(요 5:36-37)"고 하셨습니다.

이것은 하나님께서 예수를 부활시킴으로 예수가 그리스도임을 하나님께서 직접 증명해 주실 것이라는 예언이었습니다. 그리고 "내가 너희를 고아와 같이 버려두지 아니하고 너희에게로 오리라 조금 있으면 세상은 다시 나를 보지 못할 터이로되 너희는 나를 보리니 이는 내가 살았고 너희도 살겠음이라(요 14:18-19)"고 부활을 예언한 말씀은 마치 돌아가신 후, 고아 같은 제자들의 입장을 직접 보신 듯 정확하게 묘사하셨습니다.

『신약성서』 4 복음 모두 부활을 언급하고 있으며『사도행전』에서는 더욱 자세히 기록되어 있습니다.

이 성서들의 발행 시기가 예수 부활 후 30년 전후인데, 제자들이 처음에는 말씀의 전파에 집중하다 기록의 필요성을 느끼게 된 후, 기억을 뒷받침할 자료를 모으고 증거와 증언을 수집하고 검증하는 데 시간이 걸린 것 같습니다.

하지만 다행히도 이 성서들은 예수 시대의 많은 사람들이 생존해 있는 동안에 나왔습니다. 나만 해도 30년 전 기억은 엊그제같이 또렷합니다.

만일 이 성서의 내용들이 거짓이었다면, 따지기 좋아하는 유대인들의 검증에 의하여 신도들은 순식간에 사기꾼 집단으로 매도되고 이 성서들은 나오지도 못했겠지요.

또한『누가복음』은 의사인 누가 본인이 자세히 미루어 살핀 바를 로마제국의 고관인 데오빌로 각하에게 적어 보낸 것인데 부활 이후 예수의 행적을 특히 자세히 적었습니다.

부녀자 희롱 죄보다 무서운 각하 희롱 죄(?)를 무릅쓰고 감히 터무니없는 거짓을 보고했을까요?

고작 30년 전의 엄청난 사건을 로마의 고관이 주변에 확인도 안 하고 그냥 믿어주었을까요?

『사도행전』에 의하면 예수께서는 500여 명이 지켜보는 가운데 승천하셨다고 했는데, 그 500여 명 중에 상당수가 생존해 있던 시기이므로 이들은 승천뿐 아니라 500여 명 중의 누구누구와 함께 언제, 어떻게 지켜보았다는 사실까지 구체적으로 증언할 수 있는 사람들이었습니다.

그 부활과 승천을 지켜본 자들의 확신이 성령과 함께 유대 사회에서 이방으로 태풍처럼 휩쓸며 퍼져나갔고 죽음도 그들의 기쁨을 막을 수 없었습니다.

이러한 정황들을 고려해 보면 예수 부활은 역사적 사실로 받아들일 수 있는 근거가 충분합니다만, 예수 부활은 기적이기 때문에 쉽게 받아들이지 못하는 사람도 있을 것입니다.

기적은 없다고 믿으시나요?

아무리 큰 폭발이라도 폭발로 발생한 것은 이내 사라지게 됩니다. 만일 상식을 벗어난 큰 폭발이 있었더라도, 폭발의 팽창이 너무 빨라도 또 늦어도 폭발로 인해 별이 만들어질 수 없었다는 것이 물리학의 정설이랍니다. 138억 년 전 어두움만이 유일했던 진공 속에 이 세상을 만든 빅뱅(Big Bang)은 폭발 시 밀도의 균형과 팽창 속도의 균형이 상상도 불가능할 정도로 희박한 확률에서 발생하여 아직도 팽창을 계속하면서 시간과 빛과 물질을 만들어 유지하는 우주 역사 단 한 번의 대이변을 만들었습니다.

그 결과 이 노래의 아침같이 완벽하고 아름다운 환경을 인간에게 주고 있습니다.

나는 이것을 기적이라고 생각합니다.

이 기적을 믿음이 없는 사람은 우연이라 우기고, 하나님을 아는 사람은 하나님의 역사라고 합니다. 이 기적의 이름이 우연이든 역사든, 우리는 이미 기적으로 창조된 세상에 살고 있는 것입니다.

다시 돌아가서 그 최악의 절망과 폭발하는 믿음 사이에 무엇이 있었던 것일까요?

이것이 실제 부활 없이 거짓 연출로 가능했을까요? 했다면 누가 가능했을까요? 겁에 질린 베드로?

이 성령의 큰 폭발은 존경받는 율법가도, 당시 로마 황제 티베리우스도 이 믿음의 폭발력은 조작이 불가합니다. 그것은 마치 우주를 만든 빅뱅(Big Bang)이 조작되었다고 하는 것과 같습니다.

두려움만이 가득했던 제자들에게 새 하늘, 새 땅을 열어준 예수의 부활은 천지창조의 기적 이후 인간을 위한 최고의 기적이었고 예수가 그리스도이심을 하나님께서 증명해 주신 역사였습니다.

그리스도는 하나님께 사랑받고 사랑하기 위해 인간이 존재함을 알려주셨고 희생과 부활을 통하여 하나님이 우리와 항상 함께 계신다는 것을 증명하셨습니다.

그리고 그리스도의 희생과 부활과 승천과 성령은 그 하나의 시리즈로 완성된 것이 아니라, 오늘도 내일도 계속 진행되는 하나님의 역사인 것입니다.

그리스도의 부활은 구원, 희망, 승리, 영생 등 각 사람에게 각각의 의미를 주고 있는데, "그 햇살은 나의 것, 그 아침은 나의 것"이 이야기하는 부활의 의미는 어떤 것인지 정리합니다.

오늘 맞이한 아침과 햇살은 태초의 그 아침이며 그 햇살입니다.

아침의 찬란함에서는 그분의 위대하심을 느낄 수 있으며, 아침의 아름다움에서는 그분이 세상을 사랑으로 창조하셨음을 느낄 수 있습니다.

그리고 그 사랑과 위대하심은 어제도 있었고 오늘도 있으며 내일도 있을 것입니다.

이 아침과 함께 온 그분의 사랑을 '나의 것'로 받아들이는 지금 이 순간,

천지간에는 이 아침과 함께 사랑을 주시는 그분과 그 사랑을 받아들이는 '나'만이 존재하며, '나'는 그분의 위대하심에 경탄하며 그분의 사랑에 기뻐합니다.

오늘도 또 내일도…

이것이 이 노래가 담고 있는 그리스도가 희생하신 이유이며 부활의 의미입니다.

우리를 이 땅에 고아처럼 버려두지 않으시고 우리에게 그리스도를 주신 하나님께 감사드립니다.

용서와 기다림

Tie A Yellow Ribbon Round The Old Oak Tree

(늙은 참나무의 노란 리본)

노래 **Tony Orando**

🎵

팝 그룹 토니 올랜도 앤 던의 대표곡으로는 〈Knock Three Times〉와 〈Tie A Yellow Ribbon〉이 있으며, 이 곡은 어윈 레빈(Irwin Levine)과 러셀 브라운(Russel Brown)이 공동으로 만들었습니다.
1973년 빌보드 핫 100에서 4주 동안 1위를 차지하였고 당년에만 900만 장 이상이 팔려 그해 미국과 영국에서 가장 많이 팔린 앨범으로 기록되었습니다.

I'm coming home I've done my time

난 교도소의 형기를 마치고 집으로 돌아가고 있어요

Now I've got to know what is and isn't mine

이제 내가 가질 수 있는 것과 가질 수 없는 것이 무엇인지 알아야 해요

If you received my letter telling you I'd soon be free,

당신이 내 편지를 받고 내가 곧 출감한다는 걸 알면

Then you'll know just what to do

당신이 무엇을 해야 할지 알고 있을 거예요

If you still want me, if you still want me,

만일 당신이 아직 나를 원한다면, 아직 나를 원한다면

Oh, tie a yellow ribbon round the old oak tree

그 늙은 참나무에 노란 리본을 묶어놓으세요

It's been three long years. Do you still want me? (Still want me?)

벌써 길고 긴 3년이 지났군요 아직 날 원하시나요?

If I don't see a ribbon round the old oak tree,

만일 그 늙은 참나무에 리본이 보이지 않는다면

I'll stay on the bus, forget about us, put the blame on me,

버스에서 내리지 않겠어요. 내 잘못을 탓하면서 우리의 관계는 잊어버리겠어요

If I don't see a yellow ribbon round the old oak tree

만약 그 늙은 참나무에 리본이 보이지 않는다면

Bus driver, please look for me,

운전기사 아저씨, 나 대신 좀 봐주세요

Cause I couldn't bear to see what I might see

나는 차마 내 눈으로 볼 수 없으니까요

I'm really still in prison, and my love, she holds the key

나는 여전히 갇혀 있고 열쇠는 내 사랑 그녀가 갖고 있죠

A simple yellow ribbon's what I need to set me free

단지 노란 리본만이 내가 자유로워지기 위해 필요한 것이에요

I wrote and told her please,
그녀에게 제발 그렇게 해달라고 편지 썼지요
Oh, tie a yellow ribbon round the old oak tree
늙은 참나무에 노란 리본을 달라고
It's been three long years. Do you still want me? (still want me?)
3년이라는 길고 긴 세월이 흘렀는데 그대 지금도 나를 원하시나요?
If I don't see a ribbon round the old oak tree,
만약 옛 참나무에 리본이 달려 있지 않다면,
I'll stay on the bus, forget about us, put the blame on me,
나는 버스에서 내리지 않고 내 잘못을 탓하며 우리 일들은 모두 잊겠어요
If I don't see a yellow ribbon round the old oak tree
만약 늙은 참나무에 리본이 달려 있지 않다면
Now the whole damn bus is cheering, and I can't believe I see,
버스 안의 모든 승객이 환호를 지릅니다. 내가 보는 것을 나는 믿을 수가 없어요
A hundred yellow ribbons round the old oak tree
그 늙은 참나무에는 노란 리본이 백 개나 매여 있어요
I'm coming home, mm hmm
나는 집으로 갑니다, 음음
Tie a ribbon round the old oak tree
늙은 참나무에 리본을 묶으세요
Tie a ribbon 'round the old oak tree
늙은 참나무에 리본을 묶으세요
Tie a ribbon 'round the old oak tree
늙은 참나무에 리본을 묶으세요

이 노래는 가스펠은 아니지만 내용은 사랑과 용서의 감동적인 가스펠 정신이 있기 때문에 교회 찬양대의 단골 메뉴이기도 합니다.

이 노래는 1972년에 만들어진 팝 음악이며 민요도 아닌데 노래의 배경에 대해서 상당히 많은 주장이 있으며 인터넷을 보면 저마다 그럴듯한 다른 이야기들을 전합니다.

많이 소개되는 배경으로는 멀리 남북전쟁 당시로 거슬러 올라가서 병역의 의무를 마치고 3년 만에 돌아오는 병사의 이야기라는 주장입니다.

사실 이야기의 주인공이 교도소에서 풀려난다는 표현이 불분명하기는 합니다.

"I've done my time"라는 표현은 나는 교도소의 형기를 치렀다라는 표현도 되지만, 의무 기한을 끝냈다라는 의미도 됩니다. 또한 "I'd soon be free"도 형기를 마치고 자유의 몸이 된 것인지 군복무를 끝내고 자유 신분이 된 것인지 구분이 안 됩니다.

또 전쟁포로로 잡혀 있던 군인이 3년 만에 집으로 돌아올 때의 이야기라는 주장도 있습니다만, 나라를 위해 전장에 갔던 사람이 죄지은 듯이 집을 기웃거리는 것은 이 노래의 의도가 아니었을 것입니다.

그런데 단순히 배경 이야기가 많은 것에 그치지 않고 소송의 나라답게 소송에 휘말립니다.

1971년 뉴욕포스트의 칼럼니스트인 피터 헤밀이 기고한 컬럼 「Going home」이 발단이었습니다.

플로리다주 포트로더데일에 가는 버스에 탄 대학생이 만난 한 출소자가 노란 리본을 찾고 있다는 내용의 글이 많은 관심을 끌면서 1972년 리더스 다이제스트에 다시 소개되었고, 같은 해 미국 ABC 방송국에서는 이를 각색

한 드라마까지 제작하여 방송했는데, 바로 다음 해인 1973년 〈Tie a Yellow Ribbons Around the Old Oak Tree〉가 대 히트를 기록하자 피트 헤밀은 자신의 칼럼을 토대로 만들어진 것이라며 저작권 소송을 냈습니다. 하지만 뜻밖에도 피트 헤밀이 패소했는데, 미국에는 이와 비슷한 이야기들이 너무 많아서 칼럼을 표절했다고 보기 어렵다는 취지였습니다.

이와 비슷한 이야기는 1959년 어느 법학자가 캘리포니아 Chino의 교도소장에게서 들은 말을 토대로 쓴 『Star Wormwood(별쑥)』이라는 책에서 나온 이야기입니다.

"열차를 타고 가던 두 남자 중 한 남자가 말하기를, 그는 죄수로 멀리 있는 감옥에 수감되어 있었다가 5년 만에 출옥했는데, 가족들은 너무 가난해 찾아오지도 못하고 글도 배우지 못했습니다.

그는 감옥에서 나와 집으로 돌아갈 때 편지를 썼는데, 철도 가까이 있는 큰 사과나무에 흰 리본을 묶어두면 가족들이 아직도 그를 원하는 것으로 알고 기차에서 내리겠다고 했답니다.

그러나 아무것도 걸려 있지 않으면 그는 기차에서 내리지 않고 다른 곳에서 새 인생을 찾겠다는 것이었습니다. 마을이 점차 가까워지는데 차마 밖을 볼 용기가 없었고, 그의 친구가 대신 창가에 앉아 사과나무를 찾아보았는데 시간이 지나 고향 땅을 지날 무렵, 친구는 그 남자의 팔을 잡으며 '바로 여기야, 저기 봐! 흰 리본이 나무 전체를 덮고 있어!'라고 합니다"

피트 헤밀의 칼럼보다 12년 먼저네요. 패소할 만하지요?

이 노래의 정확한 배경에 대해서 너무 많은 추측이 있으니 각자 입맛대로 상상해도 좋겠습니다.

그러면 돌아오는 주인공 처지를 생각해 봅니다.

"나는 여전히 갇혀 있어요. 열쇠는 내 사랑 그녀가 가지고 있지요"에서 노래의 주인공이 몸은 감옥에서 풀려났으나, 그녀에 대한 마음의 빚으로 마음은 여전히 감옥에 있다고 이야기하고 있습니다. 그는 영어의 몸이 된 것보다 그녀에게 진 마음의 빚으로 고통이 더 심했던 것 같습니다.

원하는 것은 오직 그녀의 곁에서 빚을 갚으며 살아가는 것, 그러나 그녀가 자신을 받아주지 않는다면 마음에 무거운 짐을 지닌 채 그 마을을 그냥 지나쳐 갈 수밖에 없었는데, 그의 망설임과 죄의식은 그녀의 변치 않은 사랑을 확인하는 순간, 벅찬 기쁨으로 바뀝니다.

나는 그저 노란 리본 한 개를 달아달라고 했는데, 헉! 참나무가 온통 노란 리본으로… 이것은 돌아온 이에게 큰 기쁨과 믿음을 줄 뿐 아니라, 기다리고 있던 이에게도 큰 기쁨임을 함께 나타냅니다.

그래서 이 노래는 듣는 사람들에게도 사랑과 기다림이 주는 감동을 느끼게 하는 명곡입니다.

이 노래의 주제가 되었을 법한 『누가복음(15:11-32)』 되찾은 아들의 비유는 감동적이지만 너무 유명하므로 상세한 소개는 생략하고 이 이야기에서 사람들이 하나님을 찾아오는 동기와 세상의 기준 두 가지만 이야기하겠습니다.

사람들이 하나님을 찾아올 때 처음부터 하나님의 사랑을 찾아오는 경우는 아주 드뭅니다.

모두가 고민이나 불안을 안고 찾아오거나, 뭔가 현실에서의 기대를 가지고 찾아오기 시작합니다.

그래서인지 많은 학자는 필요에 의해 종교가 만들어졌다고 말합니다.

사회주의 철학자 카를 마르크스(1818~1883)는 종교를 사회구조의 산물로 해석했습니다.

억압받는 계층이 현실 세계의 고통에서 벗어나기 위해 종교적 환상에 의지하게 되기 때문에 이것이 인간의 착취와 억압을 유지하는 데 기여한다며 종교를 비판했습니다.

영국의 사회학자 허버트 스펜서는 "사람은 사람이 무서워서 사회를 만들었고, 사회가 무서워서 종교를 만들었다"라고 했는데 사회제도와 규범 그리고 죽음이 무서워 종교를 만들었답니다.

그 외에도 필요에 의해 종교가 만들어졌다는 철학자들의 주장은 기원전부터 셀 수도 없습니다.

현실이 고단하고 무서울수록 현실 밖에 무엇인가 있기를 고대하면서 종교가 생겨났다는데, 우리가 현재 살고 있는 세상이라는 거대한 울타리가 인간에게는 인식의 한계이기도 해서, 현실적인 필요에 따라 종교가 만들어졌다는 이야기가 논리적으로 들릴 수도 있습니다.

그리고 찜찜하지만, 필요에 의해 종교가 만들어졌다는 주장도 부분적으로 인정돼야 합니다.

사실 처음 교회를 찾아오는 사람이 처음부터 하나님의 사랑을 알고 원해서 찾아오지는 않지요.

실제로 교회를 처음 오는 사람들의 기대는 무엇일까요? 돈·중독·경쟁 등 개인적인 문제, 만남이나 소속감 등 사회적 기대, 교회 건물의 역사성이나 분위기 등 문화적 요인, 그리고 호기심도 큰 요인이며 가슴이 답답해서 무작정 찾아와 보는 사람들도 있고, 배가 고파서 선교사를 따라 교회에 오게 되는 사람도 많은데 이것이 현실입니다.

예수께서 예로 말씀하신 돌아온 아들이 돌아온 이유도 부모님이 보고 싶었던 것이 아니라, 배가 너무 고파서 굶주림을 해결할 마지막 시도로써 돈 많은 아버지를 찾아왔다 했습니다.

그러면 이렇게 돌아온 탕아(蕩兒)는 이후 어떻게 될까요?

배고파 찾은 아버지가 배고픔을 해결해 주어 찾아온 목적을 이루었지만, 뜻밖에 더 귀한 것을 알게 됩니다. 그것은 평소에는 생각도 안 했던 아버지의 깊은 사랑입니다.

그래서 돌아온 아들에게 그 아버지는 '돈 많은 아버지에서 사랑하는 아버지'로 바뀌게 됩니다.

성서에는 마치 '돌아온 아들'의 시리즈와 같은 교훈 말씀이 있습니다.

"**천국은 마치 밭에 감추인 보화와 같으니 사람이 이를 발견한 후 숨겨두고 기뻐하여 돌아가서 자기의 소유를 다 팔아 그 밭을 샀느니라**(마 13:44)"라는 비유 말씀인데, 여기서 "밭"은 하나님의 나라를, "감추인 보화"는 하나님 나라의 가치, 즉 하나님의 사랑을 말합니다.

그리고 "자기의 소유를 다 팔아 그 밭을 산다"라는 말은 자신의 욕망과 소유를 다 희생하더라도 하나님 나라에서 살아가기를 원하게 되는 것을 말합니다.

두 비유의 교훈을 함께 생각하면, 세상적인 필요에 의해 또는 우연히 하나님을 찾아왔다가 기대치 않았던 하나님의 따뜻한 사랑을 만나게 되는데, 그 뒤에는 세상의 물질적 풍요보다 하나님의 나라를 더 원하게 된다라는 교훈이 됩니다.

그래서 이렇게 어설픈 동기로 교회를 찾은 사람들도 곧 각자 자기의 십자가를 지고 하나님을 따르는 진정한 교인으로 성장하게 될 것입니다.

이 교훈은 우리가 걸어온 길이기도 하며, 신앙의 후배들이 교회를 처음 찾게 되는 동기와 과정을 더 잘 이해하고 하나님의 인도하심을 믿게 합니다.

다음은 형의 불평에 대해 생각해 봅니다.

"**내가 여러 해 아버지를 섬겨 명을 어김이 없거늘 내게는 염소 새끼라도 주어 나와**

내 벗으로 즐기게 하신 일이 없더니 아버지의 살림을 창기와 함께 먹어버린 이 아들이 돌아오매 이를 위하여 살진 송아지를 잡으셨나이다(눅 15:29-30)"라는 형의 항변은 죽을 고생을 하다 돌아온 동생에게 편협하다고 느껴질 수도 있겠지만 형의 주장은 틀리지 않았으며 정당합니다.

이것은 당시 율법 정신이며 현행 법률이며 또한 우리들의 상식이자 세상살이의 기준입니다.

아버지는 자식 교육을 위해서라도 철없는 자식을 엄히 책망해야 하고 자기 몫의 유산을 흥청망청 탕진한 동생은 형의 밑에서 일하며 먹고살도록 하는 것이 우리 기준에 현명합니다.

하지만 하나님은 자식에 대한 무조건적인 사랑을 베푸는 부모와 같은 존재이며 돌아온 아들에게 잘잘못을 따지기 전에 용서하고 위로하시는 분이시며 특히 그럴 권한이 있는 분입니다.

그 하나님의 권한이 형의 입장에서 억울할 수도 있겠지만, 동생뿐 아니라 결국 형도 그리고 이 세상 모든 사람도 모두 그 권한의 혜택을 모두가 받게 되므로 억울할 필요가 없습니다.

하나님의 무한한 권한을 인간을 지배하는 데 사용하시는 것이 아니고 용서하고 사랑하시는 데 쓰십니다. 하나님 권한을 하나님이 이렇게 쓰시는데 누가 원망할 수 있겠습니까?

우리는 그저 감사할 따름입니다.

동생을 비판하는 형의 도덕적·율법적 기준의 한계와 하나님의 이런 권한 사용에 대해서는 부자 청년의 비유(마 19:16-26)를 통해 잘 알 수 있습니다. "어떤 사람이 주께 와서 가로되 선생님이여 내가 무슨 선한 일을 하여야 영생을 얻으리이까" 하고 묻자 예수께서는 "네가 생명에 들어가려면 계명들을 지키라" 하시니 그 청년이 "이 모든 것을 내가 지키었사오니 아직도 무엇이 부족하나이까" 하고 다시 묻자, 예수께서 "네 소유를 다 팔아 가난한 자에게 주고 나를 좇으라" 하시는데 그 청년은 재산이 많으므로 근심하며 돌아갔습니다. 그러자 예수께서는 제자들에게 "내가 진실로 너희에게 이르노니 부자는 천국에 들어가기가 어려우니라. 다시 너희에게 말하노니 약대가 바늘귀로 들어가는 것이 부자가 하나님의 나라에 들어가는 것보다 쉬우니라" 하십니다.

이에 제자들이 심히 놀라 그런즉 누가 구원을 얻을 수 있으리까 하니, 예수께서 "사람으로는 할 수 없으되 하나님으로서는 다 할 수 있느니라"고 하십니다.

하나님께서는 모든 것이 가능하시다는 것을 이 청년이 알았다면 하나님을 믿고 구하였으면 되었을 텐데 이 고지식한 청년은 딱하게도 스스로 노력해서 자기 힘으로 천국에 가는 원칙만 알았습니다.

"선하게 살면 천국에 간다"라는 것은 율법의 정신이고 우리의 상식에 맞는 바른길이지만, 스스로의 힘으로 완벽한 선을 이루기가 불가능한 것을 세상살이가 가르쳐 줍니다.

사실 부자 청년에 대해 천국의 기준이 너무 엄격하게 느껴지기도 하지만, 먹을 것이 없어 굶어 죽는 사람이 많았던 당시, 이웃을 외면하고 재산을 창고에 쌓아둔 부자가 천국에 가는 것이 과연 정당할까요?

살짝 옆길로 새서 세상 이야기를 좀 해보면 '관계'라는 것을 빼놓을 수 없습니다.

예로부터 중국 사람들은 "꽌시"라 부르며 아주 중요한 처세술로 인식하고 있는데, 법과 돈이 전부인 줄 아는 사람은 오래가지 못합니다만, '관계'를 만드는 사람은 경쟁자조차 서로 도움을 주고받는 친구로 만들기도 합니다.

그 '관계'는 상대를 인정하고 대화하는 것에서부터 시작합니다.

그래서 "말 한마디로 천 냥 빚 갚는다"라는 속담이 있는 것입니다.

그런데 하나님과의 겸손한 대화보다는 내가 스스로 천국에 갈 자격을 만들겠다는 이 자신만만한 부자 청년은 스스로를 먼저 냉정히 돌아보는 것이 순서였습니다. 어쨌든 근심하며 돌아간 이 부자 청년과 형의 입장은 율법 정신, 즉 도덕적 기준의 한계를 말합니다.

동생에게 분노한 형이 살아가는 상식적이고 정당한 기준도, 그리고 건전한 부자 청년도 스스로의 기준으로는 천국에 이를 수 없으며, 결국 모든 사람은 오직 하나님의 사랑으로만 구원받을 수 있음을 이야기합니다. 즉 이들이 가려 하는 길은 인고의 바른길이되 완전할 수 없으며 혼자서는 도저히 이룰 수도 없으며 하나님의 사랑으로만 완전해질 수 있으므로 하나님의 사랑이 곧 구원이다라는 교훈을 주고 있는 것입니다.

그러면 하나님의 구원을 믿는다면 굳이 선하게 살려고 노력할 필요는 없지 않을까요?

설마 그렇지는 않겠지요. 그래서 예수께서는 **"율법을 완성하러 오셨다(마 5:17)"** 고 하셨습니다.

모두 매일 저녁 기도하며 하루를 반성하겠지요?

"삶이 기도"라는 마하트마 간디나 헬렌 켈러같이 거룩한 목표는 언감생심, 내 인생에는 처음부터 바라지도 않습니다. 하지만 내가 하나님을 사랑하려 한다면 성경도 읽고, 기도도 하고, 사색으로 나와 하나님을 인식하고, 하나님이 주신 육체를 잘 관리하기 위해 운동도 하고 먹는 것도 절제하고, 내 마음

속에 미움이 없도록 노력해야 마땅할 것입니다.

  그러나 매일 반성해도 조금도 나아지지 않는 나는 반성하는 것조차 미안하게 느껴집니다.

  스스로도 한심하게 느껴지는 게으름과 안일 속에 지나간 나날들,

  별반 다르지 않을 내일과 모레…

  만일 하나님이 모든 사람에게 세상의 기준을 뛰어넘는 용서의 권능을 베푸시지 않는다면, 하나님을 제대로 사랑하지 못하는 나도 우리도, 하나님과는 창조주와 피조물의 관계일 뿐, 우리가 감히 하나님을 사랑하려는 마음은 갖지 못할 것입니다.

  오늘 '다시 찾은 아들'의 비유를 통해 생각해 본 교훈은 하나님을 처음 찾아오는 사람들의 어설픈 동기와 한 사람 한 사람을 사랑하시며 항상 기다려 주시는 하나님의 이야기였습니다.

  우리의 부족함에도 불구하고 항상 기다려 주시는 하나님께 감사드립니다.

굴레 탈출

Turn Turn Turn(돌고 돌고 돈다)

노래 The Byrds

🎵
미국의 포크송 가수이자 사회운동가인 피트 시거(Pete Seeger)가 1959년에 발표한 노래입니다.
작곡은 피트 시거가 했고, 가사는 솔로몬 벤 다윗(Solomon Ben Dadid)의 글입니다.
이 곡은 피트 시거가 발표했을 때는 큰 인기를 얻지 못하다가 1965년에 미국의 포크록 그룹인 버즈(Byrds)가 불러 세계적인 히트곡이 되었으며 1965년 12월 빌보드 핫 100 1위에 올랐습니다.

To everything there is a season, and a time to every purpose under the heaven
천하에 범사가 기한이 있고, 모든 목적이 이룰 때가 있으니
A time to be born, and a time to die
날 때가 있고 죽을 때가 있으며
A time to plant, a time to reap that which is planted
심을 때가 있고 심은 것을 뽑을 때가 있으며
A time to kill, and a time to heal
죽일 때가 있고 치료시킬 때가 있으며
A time to break down, and a time to build up
헐 때가 있고 세울 때가 있으며
A time to weep, and a time to laugh
울 때가 있고 웃을 때가 있으며
A time to mourn, and a time to dance
슬퍼할 때가 있고 춤출 때가 있으며
A time to cast away stones, and a time to gather stones together
돌을 던져버릴 때가 있고 돌을 거둘 때가 있으며
A time to embrace, and a time to refrain from embracing
안을 때가 있고 안는 일을 멀리할 때가 있으며
A time to gain that which is to get, and a time to lose
찾을 때가 있고 잃을 때가 있으며
A time to keep, and a time to cast away
지킬 때가 있고 버릴 때가 있으며
A time to rend, and a time to sew
찢을 때가 있고 꿰맬 때가 있으며
A time to keep silence, and a time to speak
잠잠할 때가 있고 말할 때가 있고

A time of love, and a time of hate
사랑할 때가 있고 미워할 때가 있으며
A time of war, and a time of peace
전쟁할 때가 있고 평화할 때가 있느니라

이 노래 〈Turn Turn Turn(돌고 돌고 돈다)〉은 단순하고 쉬운 가사이지만 모든 것이 변하고 각기 때가 있다는 인생사의 이치가 들어가 있습니다. 그래서 무슨 동양철학의 영향을 받은 노래 가사로 치부되기 쉽지만, 사실은 전도서 3장 1:8의 내용을 가사로 그대로 베껴왔습니다.

이 노래의 저작권은 작곡 50%, 작사 50%로 되어 있는데, 저작권자인 피트 시거(Pete Seeger)도 양심이라는 것이 있었는지 옮겨 쓴 가사로 발생한 50%의 불로소득분 중 90%에 해당하는 45%를 팔레스타인 주택철거에 반대하는 '이스라엘 주택 철거 반대 위원회(ISCAHD, Israeli Committee Against House Demolitions)'에 기부했습니다.

나머지 5%? 그건 나도 궁금합니다.

덕분에 나 역시 가사를 소개하는 노력 없이 전도서에서 글자 그대로 옮겨 넣었습니다.

전도서가 솔로몬이 직접 저술한 것인지에 대한 논란에도 불구하고, 전도서에는 삶의 의미와 목적에 대한 솔로몬의 통찰이 잘 녹아 있으며 삶의 덧없음에 대하여 솔직한 고백을 많이 담고 있어 오늘날에도 많은 사람들에게 인생의 여백을 느끼게 하는 감칠맛 나는 저술입니다.

BC1046년 주나라를 세운 문왕은 천지의 변화를 관찰하고 그 법칙을 체계화하여, 태극이 음과 양으로 나뉘고 양과 음이 서로 순환하면서 만물이 생성·발전하는 원리를 바탕으로 64괘 효의 『주역(周易)』을 편찬하였는데, 이 사상은 명리학의 기초 요소이기도 하며 유교, 도교, 불교 등 종교와 정치, 경제, 사회, 문화에 영향을 미치며 동양사상의 근간을 이루었습니다.

내가 고교 때 흠뻑 빠졌던 『삼국지』의 서두에는 "천지의 이치란 합하면 반드시 흩어지고, 흩어지면 반드시 합하여지는 것. 만물의 태어남은 반드시 먼저 합하면서 태어나고, 합하면 반드시 흩어지고, 흩어지면 반드시 합하여 지니, 천하의 형세는 이와 같은 것(天地之道 合必有離 離必有合 萬物之生 必先有合 合必有離 離必有合 此之謂天下形勢)"이라는 웅장한 권두시로 시작하는데, 권력의 무상함을 표현하기에 이보다 나은 글이 없을 것 같습니다.

이 글은 원래 『주역』의 「계사 편」에 나오는 말을 차용한 것이지만, 이 문장의 제목을 영어로 붙인다면 바로 'Turn, Turn, Turn!'이 되지 않을까 싶습니다.

노자는 "'도(道)'는 만물을 생성하고 변화시키는 근원이며, 도는 항상 순환한다"고 했답니다.

이같이 동양철학은 '순환'을 만물의 원리로 이해하고 삶을 살아가는 중요한 지혜로 여기는데, 중국의 대표적인 도교 철학서인 『장자』의 「제물론」에서도 "달도 차면 기울고, 저문 달은 다시 차오른다(月滿則虧 虧則又滿)"고 모든 사물이 순환함을 설파하였고, 이 말을 솔로몬의 방식으로 표현한다면 "달도 찰 때가 있고, 기울 때가 있으며"일 것입니다.

이렇듯 〈Turn, Turn, Turn〉과 동양의 '순환 사상'은 정말 많이 닮아 있는 듯 보입니다.

순환(循環)은 동양사상의 핵심이며, 내가 신앙적으로 미숙했을 때는 이 순환 사상을 신봉하며 '어두움 끝에는 새벽이 오니 밑바닥일수록 희망을 가지며, 좋을 때는 반드시 내려갈 것을 경계하고 대비'하는 것을 삶의 가장 중요한 지혜로 알고 있었습니다.

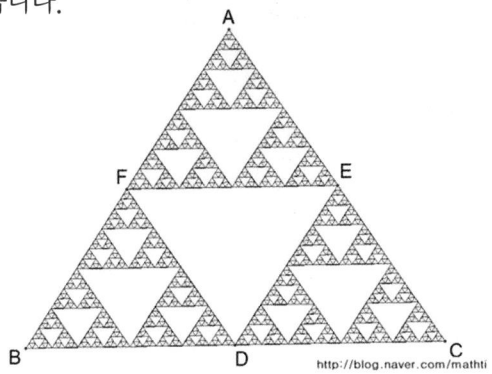

서양에서는 단순한 구조가 끊임없이 반복되면서 복잡한 전체 구조를 이루는 구조 형태를 프랙털(Fractal)이라고 하며 부분과 전체가 같은 모양을 하는 '자기 닮음구조'로 끝없이 반복되는 '순환성'과 '무한성'을 특징으로 하고 있는데 과학자들은 기상·금융·지질·생물·뇌 과학·컴퓨터그래픽 등 수많은 분야에서 프랙털 구조를 발견하여 활용하고 있습니다.

이 그림은 프랙털의 특성을 아주 간략히 표현한 시어핀스키 삼각형입니다. 조그만 것도 큰 것도 전체 모양도 모두 삼각형인데 이 노래의 가사 형태에서 프랙털 구조가 눈에 띕니다.

울 때-웃을 때, 날 때-죽을 때, 전쟁-평화가 모두 같은 궤적으로 순환하면서 어울려 있으며, 우리의 세상은 쥐새끼의 생로병사와 우주의 명멸이 유사하여 작든 크든 모두 무한히 이어지는 공통적 특성을 갖는데, 이것도 프랙털(자기 닮음) 형상이라 할 수 있습니다.

이렇게 보면 3,000년 넘은 동양의 순환 사상과 서양의 과학(프랙털)이 유사하고 전도서 3:1-8의 사상도 이와 유사합니다.

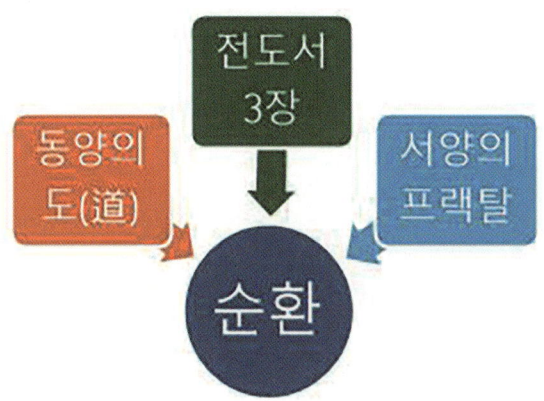

이 프랙털이론은 우주 전체의 유기적인 전체성을 수학으로 설명하는 과학이론이지만, 인간의 존재에 대한 근본적인 문제나 변화의 원인에 대해서는 다루지 않습니다.

동양의 태극 원리나 도(道) 사상 역시 그렇습니다. 원래 '스스로 그런 것(自然)'으로 치부합니다.

그런데 BC300년경 중국에 한 명의 걸출한 사상가가 있었습니다.

"꿈에 내가 나비가 되어 노닐었는데, 꿈을 깨어보니 내가 나비로 변한 꿈을 꾼 것인지, 나비의 꿈속에 지금 나(莊子)로 변해 있는 것인지 모르겠다며, 꿈속의 나비와 현실의 장자라는 존재가 서로 다를 바 없었다"고 인간이라는 껍질이 아닌 자신의 본질에 대한 화두를 던졌는데,

쉽게 풀어서 이야기하면 내가 스스로 노력해서 인간이 되었다면 나는 인간인 것이 맞겠지만, 나도 모르게 태어나 보니 인간의 탈을 쓰고 있더라, 그런데 꿈에 나비가 되어보니 나는 원래 나비였던 것 같더라. 그러면 인간이라는 껍질을 벗은 진짜 나는 무엇이냐? 하는 의문이 생긴 것입니다.

우리는 '생각이나 마음이 영혼과 다른 것인가'라는 의문을 품는데, 생각(논리)과 마음(감정)은 두뇌활동이 담당하고 있지만, 장자가 말하는 '인간의 껍질, 즉 육체를 벗은 나의 본질'은 바로 사람이든 나비든 무엇이든 될 수 있는 우리의 영혼을 말하고 있는 것 같습니다.

아무튼 장자는 「제물론」에서 "남쪽 바다 섬나라에 나비가 날갯짓하면, 북쪽 바다 숲에서 나무가 흔들릴 수 있다"라는 말을 했답니다. 즉 나비와 내가 하나일 수 있는 것처럼, 우주의 모든 것은 연결되어 있어서, 작은 변화가 큰 변화를 일으킬 수 있다고 본 것입니다.

장자는 기존 이론에서 다루지 않던 인간의 본질과 변화의 근본 원인을 추구함에 이렇게 놀라운 직관력과 통찰력을 보여주었습니다.

장자로부터 2,300년 후, 서양에는 카오스(Chaos)이론, 즉 혼돈(混沌)이론이 등장합니다.

이 카오스이론은 프랙털이론과 한 쌍처럼 사용되고 있는데, 프랙털은 '시스템의 구조를 설명'하는 데 쓰이고, 카오스이론은 '시스템의 동작과 변화'를 설명하는 데 사용됩니다.

혼돈이론은 "혼돈 속에도 질서가 있지만, 사소한 변수가 미래에 큰 결과를 가져오기 때문에 먼 미래는 예측할 수 없다"고 주장합니다. 이는 세계의 이상 기후를 설명하는 데도 사용되는데, 학자들은 수없이 많은 작은 변수들이 움직인 결과, 즉 한 마리 나비의 날갯짓같이 작은 변화가 가져올 수 있는 결과를 설명하기 위해 장자의 나비론을 자주 인용합니다.

동양의 태극 사상과 서양의 프랙털(자기 닮음)이론은 "모든 것이 돌고 돈다"고 순환을 강조하며, 장자의 나비론과 서양의 혼돈(Chaos)이론은 "원인 없는 결과는 없지만, 수많은 움직임 중, 어떤 움직임이 어떤 일의 원인이 될지 알 수 없기에 미래에 무엇이 어떻게 변화할지 예측할 수 없다"며 서양의 이론은 그 한계가 혼돈임을 그 이론의 이름 '혼돈'으로 고백합니다.

전도서 3:1-8과 동서양 이론은 '순환'이 세상의 보편적인 질서라는 주장에 일치하였고 무엇이 미래를 바꾸게 될지 예측할 수 없다는 현대이론까지 동서양의 지성이 일치한 것을 보았습니다만, 그 이론들의 한계 때문인지 우리는 어딘지 핵심을 놓치고 있다는 생각이 들고 왠지 허무한 느낌도 듭니다.

달도 차면 기우는 순환의 교훈이 동서고금을 관통하는 최고의 지혜라고 믿었지만, 이 순환은 벗어날 수 없는 인간의 운명일까요? 일생 동안 추구해야 할 진리가 겨우 순환일까요? 기다리던 좋은 시절이 어렵게 와도 또다시 내려갈 것을 걱정해야 하는 것이 인생이라면, 마음 놓고 편안히 웃어볼 날은 없는 것일까요?

왜 우리는 수많은 인생 중 하나로서 순환의 굴레를 덧없는 숙명으로 받아들여야 할까요?

그래서 사람의 마음속에 평안은 없고 어딘지 불안한 마음이 깃들어 있는 것이 아닐까요?

그리스 신화에서 신의 노여움을 산 시지프(Sisyphe)는 바위를 산 정상에 올려놔야 하지만, 겨우 올려놓았다 싶으면 다시 굴러떨어집니다.

그리고 그 바위를 또다시 굴려 올려야 하는 지긋지긋한 형벌을 영원히 벗어날 수 없었는데, 이 '무한한 반복의 굴레'가 바로 인간의 운명이라는 것이 달이 차면 기운다는(月滿則虧) 동양사상이고 서양의 프랙털이론이며 또한 전도서 3장 1:8입니다.

우리의 인생에 생로병사와 희로애락은 없을 수 없으나 과연 동서고금의 현자들이 모두 인정한 순환에서 벗어나, 일생을 사랑과 희망 속에서 평안하게 살 수는 없는 것일까요?

이 광활한 오대양 육대주의 수천 년 역사 속에서는 수많은 제국이 일어나고 망해갔지만, 사람들은 세상의 모든 역사를 알고 있지도 않으며 이미 지나간 일에는 관심도 없습니다.

약 2,000년 전, 머나먼 중동의 어느 구석진 땅에서 한 평민의 아들이 몇몇 제자와 수천의 대중들에게 '말씀'을 가르치다가 자기 민족에게 배척받고 젊은 나이에 죽임을 당했습니다.

제국의 몰락도 아니었으며 그에게는 소크라테스처럼 힘 있는 제자들도 없었습니다.

그저 길거리에 널린 우수마발(牛溲馬勃, 소 오줌과 말똥)처럼 흔하고 별 볼 일 없이 그저 그런, 변방 오지에 수없이 자주 일어나는 민속 소요 사건 중 하나일 뿐이었습니다. 그 예수가 처형을 당하며 그의 가르침은 흘러간 물처럼 물레방아를 더 이상 돌리지 못할 것으로 생각되었습니다. 그러나 수많은 나비 중 한 마리의 날갯짓 같던 이 젊은 예수가 가르치신 하나님의 '말씀'은, 수많은 '나비'들의 기쁨과 희생을 이끌며 결코 멈추지 않는 태풍이 되어 인류에게 순환의 굴레에서 탈출할 수 있는 새로운 길을 열어주었으며 2,000년이 지난 지금도 우리에게 확신과 기쁨을 주고 있습니다.

'그 말씀'이 무엇이길래 크든 작든 똑같은 인생들 속에서 어떻게 '나'를 찾게 하였으며, 알 수 없는 혼돈의 미래 속에서 시간을 초월하는 확신을 가지게 할 수 있었을까요?

달이 차면 기울고 기운 달은 다시 차는 순환의 원리에 운명을 맡기고 있는 사람들에게, **"있는 사람은 더 받아 더 많이 되고, 없는 사람은 그 없는 것마저 빼앗기게 될 것이다**(마 13:12)"라는 말씀으로 "있으면 없게 되고, 없으면 있게 된다(有無相生)"는 일률적인 순환이 아니라, 우리의 선택과 삶의 태도에 따라 결과가 달라진다는 것을 강조하셨습니다.

이 노래의 가사와 같이 아무리 사랑하는 사람이라 해도 인간은 "사랑할 때도 있고 미워할 때도" 있으며 세상의 모든 것은 변하지만, 내가 하나님을 배신하지 않는다면 하나님의 사랑은 영원히 변치 않으실 것이기에 영혼까지 끌어모아 마음껏 사랑해도 되는 분이 하나님이십니다.

우리가 흔들리는 세상을 살더라도 우리의 중심을 변치 않으시는 하나님께 의지할 때 우리는 흔들리지도, 변하지도 않습니다. 여기에는 우리의 선택만 있을 뿐, 운명의 순환은 없습니다.

또한 무슨 일이 벌어질지 모르는 혼돈(Chaos)의 세상에 대해서는 **"너희는 세상의 재물을 쌓아두지 말라 거기는 좀과 동록이 해하며 도적이 구멍을 뚫고 도적질하느니라(마 6:19)"고 말씀하시며 "오직 너희는 하늘에 보물을 쌓아두라. 거기는 좀도 동록도 도적도 구멍을 뚫지 못하며 도적질도 못 하느니라(마 6:20)"며 확실한 Order(질서·규칙)를 주셨는데, 이 말씀은 인간에게 한정된 물질적 세계관에서 다차원의 영적 세계관으로의 진화를 가져다주었습니다.

현재 우리가 속해 있는 물질세계의 '운명의 순환'은 우리가 하나님을 만나는 과정일 뿐이고 우리에게는 하나님을 만나고 함께하느냐 못 하느냐 하는 것이 더 중요한 운명이 되었습니다.

솔로몬도 이 물질세계는 허무한 것이니 하나님을 만나 함께해야만 참인생을 찾을 수 있다는 것을 강조하기 위하여 이 글을 썼던 것이나, 당시에는 보통 사람이 하나님을 만나는 일이 절대 쉽지 않았을 것이니, 목적지는 알아도 가는 길을 쉽게 가르칠 수 없었던 솔로몬의 체념같이 들리기도 합니다. 그러나 그리스도가 우리에게 주신 새로운 길로 인하여 솔로몬도 푸념하던 '순환의 허무함'이 우리에게는 더 이상 굴레가 되지 않습니다.

예수께서 주신 새로운 길은 운명의 순환에서 자유롭게 되는 길이며, 하나님과 함께 걸어가며 끝없이 기뻐할 수 있는 길인 것입니다. 그리스도가 우리에게 주신 이 행복하지 않은 순환으로부터의 해방이 곧 구원입니다.

그리스도를 아는 우리들은 이제 행복의 정점에서 꺾어질 운세를 더 이상 걱정하지 않습니다.

가장 중심에 오직 '말씀'만이 있는 이들에게 운명의 순환은 크든 작든 하나님이 주신 것이므로 감사할 뿐이며, 하나님께 한 걸음씩 다가가며 느끼는 행복은 가까이 갈수록 더 커져가는데, 이 행복한 길은 평생을 가도 끝이 없기 때문에, 내가 하나님께 한 걸음씩 가까이 가는 한, 어제보다 큰 행복은 있어도 행복의 정점을 찍고 내려갈 일이란 없습니다.

　하나님을 아는 이들은 순환의 굴레를 벗어난 자유롭고 행복한 나비(영혼)들이기 때문입니다.

"For I know the plans I have for you," declares the Lord, "plans to prosper you and not to harm you, plans to give you hope and a future."

Jeremiah 29:11

함께하는 사회

Kumbaya: Come By Here(여기 임하소서)

노래 The Seekers 외

〈Come By Here〉는 1900년대 초 출판되었으며 작사가, 작곡가 모두 미상입니다. 단지 이 노래는 미국 남부 지역의 전통적인 흑인 영가에서 영감을 받아 작곡된 것으로도 알려져 있으나, 그 연원에 대해서는 무척 다양하고 많은 설이 있으며, 음악 분류도 역시 민요. 찬송가로 분류되지만, 정확한 연원을 알 수 없기에 흑인 영가로도 분류되는 노래입니다.
그리고 이 노래는 흑인들이 격식 없이 부르고 구전된 탓에 가사 또한 다양합니다.

Kumbaya

Somebody's cryin, Lord(Kumbaya)
누군가 울고 있어요 주여 이리로 오세요(꿈바야)
Somebody's prayin, Lord(Kumbaya)
누군가 기도해요 주여 이리로 오세요(꿈바야)
Oh Lord, hear my prayer(Kumbaya)
오, 주여 나의 기도를 들어주세요(꿈바야)
As I lift my voice and say(Kumbaya)
내가 소리 높여 말할 때 주여 이리로 오세요(꿈바야)
I need you, Lord today(Kumbaya)
주여 나는 오늘 당신이 필요합니다(꿈바야)
I need you right away(Kumbaya)
이리로 오세요 지금 바로 당신이 필요해요(꿈바야)
Somebody's cryin, Lord(Kumbaya)
누군가 울고 있어요 주여 이리로 오세요(꿈바야)
Somebody's prayin, Lord(Kumbaya)
누군가 기도해요 주여 이리로 오세요(꿈바야)
Somebody's in despair
누군가 절망에 빠져 있어요
Somebody feels like no one cares(Kumbaya)
누군가 버려졌다고 느껴요(꿈바야)
I know You'll make a way
주께서 길을 주실 걸 알아요
Yes, the Lord will make a way(Kumbaya)
그렇죠 주께서 길을 주실 거예요(꿈바야)
Somebody's in despair
누군가 절망에 빠져 있어요

Somebody feels like no one cares(Kumbaya)
누군가 버려졌다고 느껴요(꿈바야)

Oh, oh~, kumbaya Oh, Lord(kumbaya)
오, 꿈바야 오, 주여(꿈바야)

Kumbaya Oh, Lord(kumbaya) kumbaya
꿈바야 오, 주여(꿈바야) 꿈바야

Oh, Lord(kumbaya) kumbaya
오, 주여(꿈바야) 꿈바야

Oh, Lord(kumbaya) kumbaya
오, 주여(꿈바야) 꿈바야

Oh, Lord(helele mama) kumbaya(helele mama)
오, 주여(헬레레마마) 꿈바야(헬레레마마)

Oh, Lord(helele mama) kumbaya(helele mama)
오, 주여(헬레레마마) 꿈바야(헬레레마마)

Come By Here

Come by here, Come by here, Come by here, Lord
여기 임하소서, 여기 임하소서, 여기 임하소서, 주여
Come by here and see my trouble
여기 임하셔서 나의 어려움을 헤아려 주소서
Come by here and dry my tears
여기 임하셔서 나의 눈물을 닦아주소서
I'm so lonely, Lord I'm so sad and blue
나는 외롭습니다 주님 나는 슬프고 우울합니다
Come by here and make me glad
여기 오셔서 나를 기쁘게 해주소서
Come by here and comfort me
여기 오셔서 나를 위로해 주소서
Come by here,
여기 임하소서,
Come by here,
여기 임하소서,
Come by here, Lord
여기 임하소서, 주여

'Kumbaya'의 유래에 대한 설은 참 많습니다.

먼저, 1880년대에 아프리카 서부 지역(미국 남부 지역 설도 있음)에 선교활동을 나간 선교사가 아프리카 아이들이 쉽게 부를 수 있는 음악을 만들었는데 아프리카 원주민 언어인 밤바라어로 '모두 함께 모여라'라는 뜻을 가진 '꿈바야(Kumbaya)'를 후렴으로 넣은 찬송가로 만들었다고 하는데, 이것이 미국 본토에 흘러들어서 비슷한 발음으로 〈Come By Here(여기 임하소서)〉가 되었다는 설이 있습니다.

다른 설은, 미국 남부 지방에서 흑인 노예들이 백인인 주인을 교회에 모셔다드리고, 노예들은 교회 안에 들어갈 수 없으니 교회 밖에서 주인을 기다리는데, 교회 안에서 나오는 〈Come By Here〉의 멜로디가 쉬워 이 찬송가가 나오면 기다리던 흑인 노예들이 흥얼거리며 따라 불렀답니다. 그런데 밖에서는 가사가 정확히 들리지 않고 흑인 노예들이 영어를 잘 모르니 그저 들리는 대로 따라 불렀는데 그것이 '꿈바야(Kumbaya)'라는 설도 있습니다. 발음이 비슷하지요?

내 영어는 콩글리쉬이지만, 〈Come By Here〉를 들어보면 발음이 '컴바여'로 들립니다.

그리고 이것이 끝이 아닙니다. 〈Kumbaya〉가 정확히 〈Come By Here〉가 아니라는 설도 있네요.

〈Kumbaya〉는 1880년대에 전파된 노래로 알려져 있으나 〈Kumbaya〉가 처음으로 소개된 정확한 시기는 알려져 있지 않습니다.

가장 오래된 〈Kumbaya〉의 가사는 1907년 미국 남부의 민속 시인인 맥가리(John Lewis McGary)가 발표한 시에서 Kumbaya를 '하나가 되게 하소서'라는 뜻으로 해석했답니다. 많이 다르지요?

1920년대에는 미국 남부의 흑인 사회에서 〈Kumbaya〉가 인기를 끌게 되었습니다.

이 흑인 사회에서는 〈Kumbaya〉를 종교적 의미를 넘어서 평화와 화합의 메시지를 담고 있는 노래로 해석했습니다.

〈Kumbaya〉는 종교적 색채를 띠고 있지만, 〈Come By Here(여기로 모여라)〉에는 모든 사람이 함께 어울려 화합을 이루길 바라는 뜻이 들어가 있기에 종교적 의미를 넘어 전세계적인 사랑을 받으며 평화와 화합의 메시지를 전하는 노래로 사용되고 있습니다.

1940년대에 〈Kumbaya〉는 미국 전역으로 퍼져나가게 되었고, 1948년에는 미국의 흑인 가수인 폴 로버츠가 〈Kumbaya〉를 발표하여 큰 인기를 얻었습니다.

로버츠의 버전은 오늘날에도 가장 많이 알려진 〈Kumbaya〉의 버전입니다.

1950년대에 〈Kumbaya〉는 미국의 민요가 되었고 전 세계적으로 다양한 버전이 불리고 있습니다.

지금까지는 〈Kumbaya〉의 연원이었고, 아래는 〈Kumbaya〉와 원조 다툼하는 〈Come By Here〉의 연원입니다.

〈Come By Here〉의 역사 역시 복잡합니다. 기원이 불분명하고 저작권을 주장하는 사람도 여러 명 있습니다.

이 노래의 가장 오래된 녹음은 1926년 민속학자 Robert Winslow Gordon이 미국 남부 캐롤라이나와 조지아의 해안에 있는 섬인 겔라하(Gullah) 방언으로 노래하는 한 남자를 녹음한 것입니다.

그 남자의 이름은 알려져 있지 않지만, 서아프리카에서 노예로 끌려온 후손으로 추정됩니다.

이 노래는 겔라하 문화에서 유래한 것으로 생각되며, 종종 신이 와서 도움이 필요한 사람들을 도와달라고 부르는 가사이며 영적인 노래로 해석되는데, 화합을 위한 호소로 해석되기도 한답니다.

그리고 1939년 미국의 작곡가이자 전도사인 마빈 프레이(Marvin V. Prey) 목사는 〈Come By Here〉라는 제목으로 이 노래의 버전을 출판했습니다. 프레이 목사는 자신이 직접 이 노래를 썼다고 주장했지만, 그 주장을 뒷받침할 증거는 없습니다. 목사님이 거짓말을 하셨을 리는 없을 것 같고, 그가 겔라하 공동체에서 이 노래를 듣고 자신의 목적에 맞게 개작했을 가능성이 크다고 합니다.

프레이의 버전은 1940년대와 1950년대에 인기를 얻었고, 현재는 이 노래의 가장 널리 알려진 버전입니다.

무슨 연원이 이렇게 복잡해라는 생각이 들지요? 여러분은 혹시 동그랗고 큰 머리를 가진 귀여운 미국의 만화 주인공 찰리 브라운을 아시지요? 1989년 만화에서 찰리 브라운이 친구들과 함께 〈Kumbaya〉를 부르고 있는데, 친구 한 명은 "Kumbaya"를 "Come, Baby, Come"으로 부르자 찰리 브라운이 "Kumbaya"라고 정정해 줍니다. 그러자 친구가 "그럼 Kumbaya가 무슨 뜻이야?" 하고 물으니, 이에 찰리는 "그게 바로 문제야, 아무도 모른단 말이야" 하고 대답합니다.

친구와 함께 Kumbaya를 부르는 상황.
친구: Come, Baby, Come~
찰리: Kumbaya라고 해야 해.
친구: Kumbaya가 무슨 뜻이야?
찰리: 그게 바로 문제야, 아무도 모른단 말이야.

⟨Kumbaya⟩는 매우 단순한 가사와 리듬 그리고 서정적인 멜로디로 이루어져 있습니다.

아프리카 사람들은 오랜 역사를 통하여 다양한 어려움과 고난을 겪었지만, 이러한 고난을 극복하고 살아남기 위한 강한 정신력과 긍정적인 사고를 가지고 있는데, 그런 아프리카 정신이 음악에도 영향을 주어 강렬하고 긍정적인 에너지를 발산합니다.

이 ⟨Kumbaya⟩에서도 흑인 노예들은 절망에 빠지고, 고아같이 느끼고, 외롭고, 슬픈 감정 속에서도 주님에 대한 희망의 끈을 끝까지 놓지 않고 있습니다. 그리고 그 단순한 멜로디와 리듬은 이 모든 고난을 승화시키고 있는 것처럼 보입니다.

⟨Come By Here⟩는 종교의식, 정치 시위, 캠프파이어 노래 등 다양한 맥락에서 사용되었습니다.

이 노래는 평화와 희망의 감정을 불러일으키는 노래로서 오늘날에도 여전히 인기가 있습니다.

250여 년의 짧은 역사를 가지고 있는 미국에서 어떻게 ⟨아리랑⟩ 뺨치는 불분명한 연원, 다양한 버전(Version)을 가진 노래가 있는지 정말 미스터리가 아닐 수 없습니다.

원조가 무엇이든 이 노래에서 흑인들이 노예 생활의 고난 중에 하나님의 도움을 애타게 호소하는 모습이 보입니다. 그래서 이 노래는 1960년대 미국의 민권 운동과 바로 연관이 됩니다.

드라마 ⟨뿌리(The Roots)⟩에서 쿤타 킨테(Kunta Kinte)의 배경음악으로 사용되기도 하였고, 민권 운동가들은 이 노래를 평등과 자유를 위한 투쟁의 노래로 사용했습니다.

흑인들은 미국이 건국되기도 전인 1619년에 최초로 노예로 이주해 왔으며,

그 이후로 300년 넘게 차별과 억압을 받아왔습니다. 흑인 노예제도는 1865년 미국 남북전쟁에서 북부가 승리하면서 폐지되었지만, 흑인들은 여전히 법과 관습으로부터 차별을 받았습니다. 예를 들어, 흑인들은 백인과 같은 학교에 다닐 수 없었고, 백인과 같은 곳에 살 수 없었으며 등등.

흑인들은 마틴 루서 킹 목사를 중심으로 인권 운동을 벌였고, 그 결과 많은 성과를 거두었습니다만, 미국에서 흑인 인권은 여전히 완전히 보장되지 않았습니다. 흑인들은 백인보다 빈곤과 범죄에 더 노출되어 있으며, 경찰의 과잉 진압으로 인한 사망자도 많습니다. 2020년에는 조지 플로이드가 경찰의 과잉 진압으로 사망한 사건을 계기로 인종차별에 반대하는 시위가 일어나기도 했습니다.

그러나 여기서 남 말을 하고자 하는 것이 아니고 우리의 상태를 함께 돌아보려 합니다.

얼마 전에 지하철에서 서남아시안으로 보이는 왜소한 중년 남자에게 앞에 앉은 아주머니가 노골적으로 불쾌한 눈빛을 보냈고 그 앞에 서 있던 남자는 잘못한 것도 없이 주눅이 든 표정으로 알아서 옆으로 한 걸음 피하는 것을 보았습니다.

나는 '한국에서 어찌 이런 일이' 하면서 충격을 받았지만 내가 끼어들 상황도 아니고 그냥 참을 수밖에 없었는데, 정작 그 서남아시아 사람은 별로 화내는 모습은 아니었습니다.

그러나 그날 밤, 그 사람이 "버려진 것처럼 느껴져요, 나의 어려움을 헤아려 주소서" 하고 기도를 드릴지 누가 알겠습니까?

이런 일이 한국에서는 특별하고 드문 일일까요? 아니면 우리가 피해자가 아니라서 무관심한 것일까요?

2023년 세계 가치관 조사(World Values Survey)의 인종차별지수(높을수록 나쁨)에서 뜻밖의 1위는 종족과 신분 갈등이 심한 방글라데시, 2위 요르단, 인도 등이고 미국 12위, 일본 22위, 한국 26위를 차지했습니다. 그런데 미국의 인종차별 지수에는 911로 인해 무슬림에 대한 반감이 제일 큰 비중을 차지한답니다. 그리고 일반인들이 인종차별을 큰 범죄로 인식하고 있는 나라이기도 합니다.

한국은 인종차별로 남 욕할 입장이 전혀 아님을 알 수 있습니다.

2023년 세계경제포럼(WEF)에서 발표한 포용성과 다양성지수(높을수록 좋음)를 보면 스웨덴, 노르웨이, 핀란드, 네덜란드, 캐나다 등이 상위권을 차지하고 미국 32위, 일본 41위, 한국 48위에 해당됩니다.

일본도 좋은 상태는 아니지만 우리보다는 선진화되어 있네요.

우리는 인종차별 국가가 아니라는 막연한 선입견을 가지고, 우리의 인종차별에는 편안하게 눈감고 스스로를 속이고 있는 점에서는 일본보다 나은 바가 별로 없습니다. 피해자는 못 잊어도 가해자는 모른다고 하지요.

2022년 국가인권위원회가 실시한 인권 실태조사에서 60%에 가까운 응답자는 우리 사회가 이주민에 대한 혐오·차별적 태도를 가지고 있는 것에 동의했고 30%는 이주민이 이웃으로 이사 오는 것에 거부감을 가진다고 답변하였답니다. 실제로 2018년 예멘 난민 심사에 70만 명 이상이 불허 청원을 했던 것을 기억하시죠? 이것들이 인종차별 의식조사에 나타난 우리의 실상입니다.

우리가 인종차별 범죄에 대하여 무관심해서는 떳떳한 국가가 될 수 없을 것입니다.

우리는 선진국에 편입되었다고 좋아하지만, 그것보다 선진 국민이 되기 위해 더 노력해야 할 것입니다.

우리 크리스천은 그들이 비록 겉모습은 달라도 모두 같은 하나님의 자녀라는 것을 알고 있기에 인종차별의 가해자가 될 수 없다고 믿고 있습니다.

그러나 내가 가해자가 아니니 관계없는 일이라고 무관심해서는 안 되겠지요.

역사적으로 문명을 크게 일으킨 국가는 예외 없이 다양한 민족과 문화가 어우러지는 곳이었으며, 반면에 고립되고 폐쇄적인 지역은 소멸의 운명을 겪는 것을 잘 알고 있습니다.

또한 영원불멸한 우리의 영혼이 색깔도 없고 국적도 없는 것을 아는 크리스천이라면 다양한 문화와 서로 다른 관점에 대하여 이해와 존중을 확산시키는 일에 더 관심을 가지고 모두가 함께하는 사회를 만들어 가는 데 앞장서서 마음을 열어야 하겠습니다.

정의, 누가 지키는가?

The Battle Hymn of the Republic(공화국 전투 찬가)

작사·작곡 Julia Ward Howe

이 노래는 남북전쟁 당시 북군의 군가입니다.
한국에서는 찬송가 〈마귀들과 싸울지라(348)〉로, 그리고 행진곡이나 응원가로도 많이 들을 수 있으며, 특히 새해에는 반드시 들리는 〈조국찬가〉로 우리 국민에게 대단히 익숙한 노래입니다.
또한 윈스턴 처칠의 애창곡으로도 알려져 있습니다.

Mine eyes have seen the glory of the coming of the Lord
나의 눈은 도래하는 주님의 영광을 보았나니
He is trampling out the vintage where the grapes of wrath are stored
쌓아두신 진노의 포도 짓밟으며 오신다
He hath loosed the fateful lightning of His terrible swift sword
공포의 쾌검 휘두르며 운명의 번개 내리치노라
His truth is marching on
주의 진리가 나아간다
Glory, glory, hallelujah! Glory, glory, hallelujah! Glory, glory, hallelujah!
영광, 영광, 할렐루야! 영광, 영광, 할렐루야! 영광, 영광, 할렐루야!
His truth is marching on
주님의 진리가 나아간다
I have seen Him in the watch-fires of a hundred circling camps,
나는 수백 곳의 야영지 모닥불 속에서 주님을 보았네
They have builded Him an altar in the evening dews and damps
병사들은 저녁 이슬 습기 속에 주님께 제단 쌓았네
I can read His righteous sentence by the dim and flaring lamps
나는 일렁이는 희미한 호롱불 아래에서도 주님의 의로운 판결 읽을 수 있노라
His day is marching on
주의 날이 다가오나니
I have read a fiery gospel writ in burnished rows of steel
나는 빛나는 강철 줄로 쓰여진 불타는 복음을 읽었네
As ye deal with my contemners, so with you my grace shall deal
너, 나를 욕보이는 자를 대적하였으니, 나의 은총 또한 너와 함께하리라
Let the Hero, born of woman,
여자가 낳은 영웅이
Crush the serpent with his heel, His truth is marching on
그의 발꿈치로 뱀을 짓밟게 하라 주의 진리가 나아간다

He has sounded forth the trumpet that shall never call retreat
주께서 결코 후퇴치 않을 나팔을 부셨네
He is sifting out the hearts of men before His judgment-seat
주님의 재판석에서 사람들의 영혼을 걸러내시리라
Oh, be swift, my soul, to answer Him! be jubilant, my feet!
오, 내 영혼아! 주님께 어서 빨리 답하라. 기뻐하라, 나의 발아!
Our God is marching on
우리 하나님께서 오시나니
In the beauty of the lilies Christ was born across the sea,
백합화의 아름다움 속에 그리스도가 바다 건너 탄생하셨도다
With a glory in His bosom that transfigures you and me
그분의 가슴에 너와 나를 거룩하게 하시는 영광을 품으시고
As He died to make men holy,
그분이 사람을 거룩케 하기 위하여 죽으셨듯이,
Let us die to make men free,
우리도 사람을 자유케 하기 위하여 죽게 하소서
While God is marching on
하나님께서 나아가시는 동안에

1607년 영국의 최초식민지 제임스타운이 버지니아주에 건설됩니다.

그리고 1620년 9월 16일 영국 플리머스(Plymouth)에서 메이플라워호가 102명의 승객을 태우고 미국 매사추세츠주 플리머스항구에 도착했습니다.

이 승객들은 영국 성공회의 탄압을 피해 신앙의 자유를 찾아 새로운 공동체를 건설하기 위하여 이주한 청교도들이었고 일부는 북미대륙의 풍부한 자원개발을 위하여 이주한 사람들이었습니다.

그리고 150여 년이 지나서 1775년 4월 독립전쟁이 시작되었습니다.

"모든 사람은 평등하게 태어났으며, 양도할 수 없는 행복추구권, 자유권, 생명권을 갖고 있다"는 토머스 제퍼슨(Thomas Jefferson)의 「독립선언문」이 채택되었고 1783년 9월 식민지가 승리하면서 미국이 건국되었습니다. 이때만 해도 남부 사람들은 「독립선언문」에 쓰인 "모든 사람은 평등하게 태어났으며"라는 문장의 의미를 간과하고 영국에 대한 독립전쟁을 북부와 함께 했을 것입니다.

신대륙에 들여온 최초의 아프리카 노예는 1526년 스페인에 의해 플로리다로 들어왔으며, 이후 포르투갈, 영국, 네덜란드 등이 모두 1,000만 명으로 추정되는 아프리카인들을 강제 이주시켰는데, 배 안에서 50~70%가 죽었던 것을 생각하면 거의 2,000~3,000만 명의 아프리카인이 고향에서 붙잡혀 오면서 그야말로 죽다 살아남은 1,000만 명이 신대륙에서 노예 신세가 된 것입니다.

1859년 급진적 노예 해방론자 존 브라운이 흑인들을 무장시켜 노예 해방 선언을 할 목적으로 연방 무기고를 습격하였으나 실패하여 12명의 노예 해방군이 사망하고 존 브라운도 붙잡혀 그해 12월 전격적으로 교수형에 처해집니다. 이 사건으로 남북 간의 갈등이 깊어져 남측과 북측 모두 노예제도에 대하여 강경한 입장을 취하게 되고 갈등은 전국적으로 확대되었습니다.

당시 북부의 산업은 제조업이 중심이었고 남부의 산업은 목화재배에 노예를 이용하여 영국에 수출하는 것이 주업이었는데, 1861년 노예 반대론자인 링컨이 당선되었습니다.

이에 미국 남부 일곱 개 주가 반발하여 분리독립을 선언하며 남부 연합의 대통령을 선출하였으며 노예제를 인정하는 헌법을 제정하였습니다.

1861년 4월, 남북 간 내전이 발발하여 1865년 4월, 만 4년간의 전쟁은 북군의 승리로 끝납니다만, 이 내전으로 죽은 사람이 62만 명, 부상자 20만 명, 실종자 8만 명입니다. 이 중 북군의 사망자 36만 명, 남군의 사망자 26만 명으로 추정하는데, 미국 역사상 어떤 전쟁으로도 이처럼 많은 사망자가 나온 적이 없으며 이마저도 많이 누락된 숫자로 추정된다니 얼마나 치열하고 잔혹한 전쟁이었을까요? 참고로 각 전쟁에서 미군의 사망자 숫자는 2차세계대전 29만 5,000명, 베트남전쟁 5만 8,000명, 1차세계대전 5만 4,000명, 한국전쟁 3만 4,000명의 순입니다.

그러면 남북은 무엇 때문에 이런 참혹한 전쟁을 시작했을까요?

북부에는 새로 독립한 국가를 유지하고, 인간의 기본권을 지킨다는 신념이 있었습니다만, 남부에 그 넓은 목화밭과 옥수수밭을 두고 노예가 없어지는 것은 생존이 걸린 문제였습니다.

생각해 보세요, 남부의 백인들이 포기해야 하는 것은 무엇인지.

노예들이 농장에서 일하여 나온 수확으로 주인의 금고에는 돈이 꼬박꼬박 쌓입니다.

아침이 되면 노예들이 세탁한 옷을 입혀주고 아침 식사를 차려줍니다.

이웃에 타고 갈 마차를 관리하고 태워다 주고 기다려 주고 호위까지 해줍니다.

백인 주인이 할 일은 유능한 노예 감독을 뽑아놓고 사교모임에 참석하거나, 취미생활을 하거나, 예술 활동을 하는 것뿐입니다. 남부의 비옥하고 드넓은 땅은 지상낙원이고, 남부에서 백인으로 태어난 것은 하나님의 특별한 은총입니다.

이런 삶을 포기할 바에는 죽기까지 싸우겠다는 남부의 정서를 잘 나타낸 남군의 대표적 군가로서 전장에서 고향을 그리워하며 부르는 〈Dixie's Land〉의 당시 가사(이후 개사 되었음)의 주요 부분을 먼저 둘러볼까요?

"나는 멀고 먼 딕시에 있으면 좋겠어. 딕시를 위해 살고 딕시를 위해 죽는 내 입장을 지킬 거야. 연방의 꼬마들은 용감하고 대담하지만 그들은 다 팔려버릴 것 같아, 보아라 보아라 딕시랜드를(I wish I was in Dixie, away, away! In Dixie's land I'll take my stand, to live and die for Dixie, Away, away! Away, away! The Union boys are brave and bold, But I'm afraid they'll all be sold, Look away! Look away! Look away! Dixie Land)!"

Dixie는 미국 남부 지방을 가리키는 말입니다. 1859년, 대니얼 디케이터 에밋(Daniel Decatur Emmett)이 발표한 이 노래가 남북전쟁 시 남부연합군의 행진곡으로 사용됨으로써 딕시라는 호칭이 퍼졌고, 남북전쟁 당시 남부군의 비공식 국가로도 애창되었습니다.

남군은 '남부 연합', 북군은 '미연방'이라고 호칭하였으므로 '연방 꼬마들'은 북군을 지칭합니다.

흑인 노예 팔리듯 "북군은 한 방에 팔려 금방 매진될 거야"라는 비유로 의기양양한 노래입니다.

남군의 〈Dixie's Land〉에 이어 북군의 군가 〈The Battle Hymn of the Republic〉을 알아봅니다.

작곡자 줄리아(Julia Ward Howe)는 남북전쟁에 참전한 남편의 편지를 읽고 영감을 받아 작곡했는데, 미국의 자유와 민주주의를 상징하는 노래가 되었습니다(참고로 공화국 'Republic'이란 주권이 국민에게 있는 정치체제를 말하며, 미국의 나라 이름이나 헌법에 명문화되어 있지 않지만, 미국의 가장 중요한 국가이념입니다).

1절: "진노의 포도"는 노예제로 인한 죄악에 대한 하나님의 분노 즉, 전쟁의 원인을 나타냅니다. 그리고 "공포의 쾌검"은 북군을, "운명의 번개"는 하나님의 응징 곧 정의의 전쟁이 시작됩니다.

2절: "야영지의 불"은 전쟁이 진행 중인 것을 나타내며 "저녁 이슬 습기 속"은 전쟁의 어려움을, "제단을 쌓았네"는 하나님의 뜻을 행함을 나타냅니다.
"흐릿한 호롱불~읽을 수 있다"는 전쟁의 어려움 속에서 하나님의 의로움을 따른다는 뜻입니다.

3절: "불타는 복음을 읽었네"는 하나님의 뜻이 확고함을 나타내며, "나를 욕보이는 자를 대적~함께하리라"는 하나님이 사람들의 행동에 따라 은혜를 베풀 것이라는 뜻이고 "여자에게서 태어난 영웅"은 그리스도를 뜻하며 우리는 그의 도구라는 뜻이 있습니다.

4절: "결코 후퇴하지 않을 나팔"은 하나님께서 그 백성(흑인)을 결코 포기하지 않을 것이라는 뜻이고 그 뒤는 하나님께 순종하고 그 말씀을 따를 것을 촉구하는 내용입니다.

5절: 그분은 이스라엘에서 태어나셨으나, 이방인인 우리를 거룩하게 하기 위하여 죽으셨으니, 우리도 이방인 즉, 흑인을 자유롭게 하기 위하여 그리스도를 따라 죽게 하소서라고 합니다.

유대인이나 이방인들인 백인이나 흑인이나 모두 하나님 앞에 평등하다는 확신과 함께 주의 길을 따르며 목숨 바치길 원하는 이들의 군가, 감동 없이는 들을 수 없습니다.

이 군가 아래 36만 명 이상의 북군이 목숨을 바쳤습니다. 또 미국의 16대 대통령 링컨(Abraham Lincoln)은 1863년 노예 해방령을 선포하고 전쟁에 승리하였으나, 1865년 노예 해방 반대론자에 의해 암살당하면서 이 노래의 "죽게 하소서"를 실천(?)하였습니다.

그리고 "하나님께서 나아가는 동안"이라는 후렴구 가사는 **"예수께서 저희에게 이르시되 내 아버지께서 이제까지 일하시니 나도 일한다**(요 5:17)"라는 말씀을 인용한 것으로 보입니다.

흑인 노예의 자유를 위해 백인 36만 명이 목숨을 바쳐 이 노래를 실천한 미국은 하나님의 축복을 받을 자격을 얻었다고 생각됩니다.

흑인과 백인이 함께 〈The Battle Hymn of the Republic〉을 국가처럼 부르며 노예 해방을 위한 희생을 자랑할 수 있게 되었으니까요. 한국이라도 역시 그랬을까요?

미국은 평화적인 나라이지만 정의의 전쟁에는 국민들이 단합하여 일어나는 나라입니다.

그리고 미국은 정의의 전쟁에 나섰고 잇달아 싸움에서 승리하였습니다.

그러나 왠지 미국이 판단하는 정의와 하나님이 판단하시는 정의는 다른 것 같습니다.

물론 1898년 식민지 시대, 필리핀과 스페인의 전쟁에 끼어들어 필리핀 원주민과 함께 스페인을 몰아내고 슬며시 주저앉았다가 20만 명의 필리핀인을 죽이고 1946년에서야 독립시킨 흑역사를 제외하면 이후 미국은 나름 '정의'의 전쟁을 수행하였는데 그 원인과 결과를 간략히 보겠습니다.

1차세계대전(1914. 7.~1918. 11.): 70개국이 참전하여 1,600만 명이 사망한 전쟁으로 미국은 호전적인 독일 민족주의로부터 유럽을 구하기 위해 1917년 참전하여 연합군의 승리에 결정적 역할을 했으나, 전쟁의 후유증으로 공산주의와 파시즘 등 위험한 정치 이념이 등장하였고 과중한 전쟁배상금은 2차세계대전의 계기가 되었습니다.

2차세계대전(1939. 9.~1945. 9.): 패권을 차지하기 위해 군사력을 확장한 독일, 일본, 이탈리아 등 파시스트 국가들이 유럽, 아시아, 미국, 아프리카로 전장을 확대하여 6,000만 명이 사망한 전쟁입니다. 미국은 1차세계대전의 참혹함과 경제적 피폐를 경험했기에 참전 의사가 없었지만, 일본이 하와이 진주만을 기습 공격하면서 미국을 전쟁에 끌어들이게 되었습니다.

이 전쟁의 결과로 파시즘을 패퇴시켰지만, 공산주의가 발호하며 새로운 전쟁을 잉태합니다.

한국전쟁(1950. 6.~1953. 7.): 소련의 지원을 받은 북한이 남한을 기습 침략하여 200만 명의 사망자를 낸 전쟁이며, 당초 미국은 아시아 변방인 한국전쟁에 참전할 의사가 없었습니다만, 공산당은 계급투쟁으로 세계 공산화를 목표로 하고 있으며, 소련의 지원을 받은 북한군의 진격이 너무 빨라, 이에 놀란 미국은 한국이 무너지면 일본, 대만, 베트남, 필리핀 등 아시아 전체가 공산화될 것이라는 공포감을 갖게 되었고 이틀 만에 참전을 결정하게 됩니다.

그러나 이 전쟁은 수백만의 사상자를 남긴 채, 불완전한 휴전에 만족해야 했습니다.

베트남전쟁(1954~1975): 한국전쟁과 판박이의 원인으로 베트남에 전쟁이 일어나 100~200만 명의 사상자가 났으며, 미군도 1차세계대전보다 많은 5만 8,000명의 전사자를 낸 참혹한 전쟁이었습니다. 그러나 남베트남 정부의 무능과 부패로 인해 주민들의 민심은 북베트남에 기울었고, '이런 상황에서 남베트남을 지원하는 것이 정당한지'가 미국의 가장 큰 이슈가 되었습니다.

결국 전쟁을 중도에 포기하고 철수했는데, 자유와 민주를 지키기 위해 〈The Battle Hymn of the Republic〉을 부르며 참전했던 젊은이들은 돌아온 고향에서 차가운 시선을 마주하기도 했습니다.

영화 〈람보〉에서도 '돌아온 전쟁영웅'이 겪었던 미국 사회의 분위기를 잘 보여주고 있습니다.

이라크전쟁(2003~2011): 오사마 빈 라덴이 이끄는 알카에다가 2001년 9월 11일 미국 여객기 4대를 납치하여 미국의 최고층 쌍둥이 빌딩인 세계무역센터에 충돌시켜 3,000여 명을 죽인 악마적 사건의 충격은 아직도 생생합니다. 미국은 이 사건의 배후로 이라크의 독재자 사담 후세인을 지목했고 전쟁을 통해 체포하여 교수형에 처했습니다만, 이 전쟁으로 이라크 민간인 100~200만 명이 사망했을 것으로 추정되어 전쟁의 정당성이 논란되고 있습니다.

아프간전쟁(2001~2021): 911테러 주모자 오사마 빈 라덴을 응징하기 위한 전쟁으로 시작, 아프간 측 11만 명, 미군 2,461명이 죽은 미국의 최장기인 20년 전쟁이었으며, 알카에다에 복수하고 민주 정부를 수립하지만, 탈레반에 다시 빼앗기고 미군은 도망치듯 철수해야 했습니다.

막강한 군사, 경제력을 가진 미국은 이렇게 총 8번의 큰 전쟁을 치렀고, 식민지전쟁을 제외, 모든 전쟁은 나름 '명분 있는 전쟁'이었지만, 남북전쟁과 한국전쟁을 제외하면 승지위패(勝之爲敗), 즉 이겼으나 의미 없는 전쟁이었고, 큰 희생만큼 인류 역사에 빛난 전쟁은 남북전쟁이 유일합니다. 여기서 '인간이 정의를 판단하고 구현할 수 있는가'라는 의문을 갖게 됩니다.

미국의 남북전쟁 외에 전 세계 모든 정의의 전쟁에서 정의가 통쾌하게 구현된 사례가 없기 때문입니다.

모든 전쟁은 민간인의 희생이 필수적으로 수반되는데, "이 모든 희생을 치르더라도 정의를 위해 전쟁을 꼭 해야 하는가" 하는 물음에도 역시 그렇다고도 아니라고도 답하기 어렵습니다.

여기서 우리는 '전쟁'은 인간이 판단하지만 '정의'는 오직 하나님만이 판단하신다는 것을 알게 되는데, 그럼에도 하나님의 뜻을 사람이 알 수 없기에 이사야와 같은 선지자가 아쉬워지는 정말 뒤숭숭한 시절입니다.

아버지의 뜻이 부디 하늘에서와 같이 땅에서도 이루어지게 하소서…

BE STILL
&
know that I am
GOD

PSALM 46:10

완전한 구원

When the Saints Go Marching In(성자들의 행진)

노래 Louis Amstrong

이 노래의 작사가와 작곡가는 알려지지 않았습니다.
프랭크 시나트라, 엘비스 프레슬리 등 많은 가수가 이 노래를 불렀으나 역시 루이 암스트롱의 노래가 가장 유명하며 그가 죽은 지 35년이나 지난 2006년도에 유튜브 영상이 올라와 3,000만 회의 조회 수를 기록하였습니다. 이 노래의 가사가 단조로우면서도 음울한 느낌을 주기 때문에 루이 암스트롱도, 엘비스도 부르는 사람마다 가사를 조금씩 바꾸어 불렀습니다.

Oh, when the saints go marching in
오, 성도들이 행진해 올 때,
Oh, when the saints go marching in
오, 성도들이 행진해 올 때
Oh Lord I want to be in that number
오 주여 나도 그 행렬에 함께하고 싶어요
When the saints go marching in.
성도들이 행진해 올 때

Oh, when the drums begin to bang
오, 드럼이 울려 퍼질 때
Oh, when the drums begin to bang
오, 드럼이 울려 퍼질 때
Oh Lord I want to be in that number
오 주여 나도 그 행렬에 함께하고 싶어요
When the saints go marching in
성도들이 행진해 올 때

Oh, when the stars fall from the sky
오, 하늘에서 별들이 떨어질 때
Oh, when the stars fall from the sky
오, 하늘에서 별들이 떨어질 때
Oh Lord I want to be in that number
오 주여 나도 그 행렬에 함께하고 싶어요
When the saints go marching in
성도들이 행진해 올 때

완전한 구원 When the Saints Go Marching In(성자들의 행진)

Oh, when the moon turns red with blood
오, 달이 핏빛으로 붉게 바뀔 때
Oh, when the moon turns red with blood
오, 달이 핏빛으로 붉게 바뀔 때
Oh Lord I want to be in that number
오 주여 나도 그 행렬에 함께하고 싶어요
When the saints go marching in
성도들이 행진해 올 때

Oh, when the trumpet sounds its call
오, 나팔 소리 울릴 때
Oh, when the trumpet sounds its call
오, 나팔 소리 울릴 때
Oh Lord I want to be in that number
오 주여 나도 그 행렬에 함께하고 싶어요
When the saints go marching in
성도들이 행진해 올 때

Oh, when the horsemen begin to ride
오, 기마병이 말에 오를 때
Oh, when the horsemen begin to ride
오, 기마병이 말에 오를 때
Oh Lord I want to be in that number
오 주여 나도 그 행렬에 함께하고 싶어요
When the saints go marching in
성도들이 행진해 올 때

Oh, brother Charles you are my friend
오, 형제 찰스여 너는 나의 친구야
Oh, brother Charles you are my friend
오, 형제 찰스여 너는 나의 친구야
Yea, you gonna be in that number
오 주여 나도 그 행렬에 함께하고 싶어요
When the saints go marching in
성도들이 행진해 올 때

Oh, when the saints go marching in
오, 성도들이 행진해 올 때
Oh, when the saints go marching in
오, 성도들이 행진해 올 때
Oh Lord I want to be in that number
오 주여 나도 그 행렬에 함께하고 싶어요
When the saints go marching in
성도들이 행진해 올 때

즉흥적인 리듬, 단순하고 반복적인 멜로디 그리고 강렬한 합창으로 흑인 영가의 특징을 잘 보여주는 이 노래는 원래 26절까지의 매우 긴 노래였으며 "Glory Glory Hallelujah" 등 공화국 전투 찬가의 후렴구와 중복되는 가사를 담고 있었는데,

⟨The Battle Hymn of the Republic⟩은 '노예들에게 자유를 주기 위하여 죽게 해달라'는 북군의 군가이며, ⟨When the Saints Go Marching In⟩은 남부에서 북군을 기다리는 흑인 노예의 노래라는 것입니다.

그리고 30여 년이 지난 1896년 흑인 목사 밀턴 뷰캐넌이 현재의 가사로 짧게 수정했습니다.

미국의 시민(남북)전쟁이라면 미국의 자유·평등 정신과 북군의 희생 그리고 전쟁의 참상이 강조되지만, 전쟁의 최대 수혜자인 흑인 노예들의 고마움에 대해서는 당연하게 생각하여 별 조명 없이 소홀히 넘어갑니다.

차라리 소, 돼지를 부러워하며 눈물 속의 나날을 보내던 흑인 노예들이 이 전쟁으로 희생되는 북군에게 얼마나 고마워하며 큰 희망을 가졌었는지 공화국 전투 찬가(⟨The Battle Hymn of the Republic⟩)에 호응한 이 노래를 소개하겠습니다.

1절: "the saints"는 문법상 복수를 나타내는 형태이니 '성자들'이라는 표현이 되므로 많이 오해되는 예수의 예루살렘 입성과는 처음부터 아예 딴 이야기가 됩니다.

⟨The Battle Hymn of the Republic⟩에서 "주님이 이방인을 위하여 돌아가신 것처럼 우리도 흑인을 자유케 하기 위하여 죽게 하소서"라는 군가 아래 36만 명의 북군이 죽어갔는데, 남부에서 이 해방전쟁을 지켜보고 있던 흑인 노예들이 이런 북군을 하늘의 성자들(Saints)로 찬양한 것이 바로 이 노래입니다. 비천한 흑인 노예들의 자유를 위하여 고귀한 목숨을 던지는 북군의 백인

병사들이 흑인들에게 거룩한 성도들로 보이는 것이 당연하지 않을까요?

그러면 이 노래의 제목 〈When the Saints Go Marching In〉의 "In"은 북군이 자신들이 있는 남부로 진군해 들어온다는 뜻이 됩니다. 남부에서 백인 주인의 통제 아래 묶여 있는 자신들을 구하기 위하여 북군이 빨리 들어오기를 기다리며 이 싸움에 북군과 함께하고 싶다는 열망으로 호응하는 노예들의 노래입니다.

2절: 역사적으로 북은 군사 행진을 알리는 중요한 도구였으며 전투가 시작될 때 북을 울려 군인에게 신호를 보냅니다. 그러므로 드럼이 울려 퍼진다는 의미는 전쟁이 시작됨을 의미합니다. 흑인 노예의 입장에서는 이 전쟁은 그들이 애타게 기다려왔던 하나님의 역사가 시작되었음을 느꼈을 것이고 설마 하며 기다리던 그 북소리에 심장이 두근거렸을 것입니다.

3절: 하늘에서 별이 떨어지는 것은 재앙이나 위대한 인물의 사망 또는 종말의 징조로 받아들여지며 하나님의 심판과 연결하여 생각하기도 합니다. 여기서 "하늘에서 별들이 떨어질 때"는 성자들 즉, 북군 병사의 죽음을 나타내며 그들의 죽음을 안타까워하며 그들이 죽어가는 전장에 자신들도 함께하고 싶어 하는 뜻을 보입니다.

4절: "달이 핏빛으로 붉게 바뀔 때"라는 표현은 불길하고 불안감을 주는 표현이기 때문에, 후세에 이 노래를 부르는 대부분의 가수가 다른 가사로 많이 바꾸어 부르는 소절인데, 성경에서 붉은 달은 종종 재앙, 혼란, 심판과 연관됩니다.

『요엘(2:31)』에서는 "여호와의 크고 두려운 날이 이르기 전에 해가 어두워지고 달이 핏빛같이 변하려니와"라는 표현이 있으며 『요한계시록(6:12)』에는 "내가 보니 여섯

째 인을 떼실 때에 큰 지진이 나며 해가 총담같이 검어지고 온달이 피같이 되며"라고 하나님 진노의 큰 날이 이르렀다고 했습니다.

이 표현들은 모두 하나님의 심판을 상징하고 있는데, 이는 60만 명이 넘게 죽어간 남북전쟁의 처절한 참상과 하나님의 진노 심판을 상징합니다. 노예들은 그 무서운 심판을 통해 억압받아 신음하는 자신들을 구원하시리라 기대하며 그 심판의 전쟁에 자신들도 참여하고 싶어 합니다.

5절: "나팔 소리"의 일반적인 해석은 종말의 날을 알리거나 새 시대를 여는 신호로 해석됩니다.

성경에서 종종 심판과 재앙을 예고하는 것으로 묘사하는데 『요한계시록』 8~10장에서는 일곱 천사가 나팔을 불어 심판을 집행하는 장면이 나오며, 『마태복음(24:31)』에는 "저가 큰 나팔 소리와 함께 천사들을 보내리니 저희가 그 택하신 자들을 하늘 이 끝에서 저 끝까지 사방에서 모으리라"며 하늘 왕국으로 오는 신호로도 나팔 소리를 사용합니다. 또한 『요한계시록(11:15)』에는 "일곱째 천사가 나팔을 불매 하늘에 큰 음성들이 나서 가로되 세상 나라가 우리 주와 그 그리스도의 나라가 되어 그가 세세토록 왕 노릇하시리로다 하니" 나팔 소리는 기쁨과 새로운 시작을 알리기도 합니다. 정리하면 여기 인용된 나팔은 북군의 승리와 영원한 생명을 향한 희망의 여정이 시작됨을 의미하는 것으로 해석할 수 있습니다.

6절: 『요한계시록』 6장에는 4명의 기수가 흰말, 붉은 말, 검은 말, 청황색 말을 타고 나오는데 종말의 시작을 알리는 존재로 등장합니다. 이들은 각각 전쟁, 기근, 질병, 죽음을 상징하므로 "기마병이 말에 오를 때에"라는 표현은 당시의 세상이 끝나가고 있음을 의미할 수 있으며 시대를 바꿀 치열한 전쟁이 절정에 달하는 것을 표현하였다고 보는 것이 좋겠습니다.

7절: "오, 형제 찰스여 너는 나의 친구야"에서 '찰스'는 누구를 특정한 것이 아니며 뜻을 같이하는 친구를 그냥 찰스라는 애칭으로 불렀다는 것이 보편적인 설명인데, 나는 의미 없이 찰스라는 이름을 사용했다는 것이 어딘지 허전해서 찰스라는 이름을 가진 당시의 인물을 찾아보고 나름대로 그럴듯한 이야기를 만들어 보았습니다. 믿거나 말거나….

미국의 남북전쟁 당시 북군에는 뛰어난 리더십과 용맹으로 유명한 Charles Griffin(1820~1867)이라는 장군이 있었는데 그는 앤티텀 전투, 게티즈버그 전투에서 맹활약하였으며 코트하우스 전투에서 그랜트 장군 지휘하에 참전하여 남부 연합 리 장군의 항복을 받아내었습니다. 그의 업적을 기려 미국 여러 도시에는 그의 이름을 딴 거리와 학교가 있으며, 워싱턴 DC에는 말을 타고 있는 찰스 그리핀 장군의 동상도 있습니다. 그는 노예 해방을 강력히 지지하였으며 흑인들을 북군에 편입하는 데 앞장선 장군입니다. 또한 전쟁 직후인 1865년 흑인이 포함되는 유권자등록을 위해 재건 정치에 참여하다가 1867년 전염병으로 생을 마감합니다.

흑인이 북군의 병사가 된다는 것은 자신들의 해방전쟁에 자신들이 직접 참전하는 것이며, 노예 신분에서 벗어나 내 행동에 내가 책임지는 자유 시민으로 인정받는 것이며, 월급을 받는 사회인으로서 당당히 내 재산을 가지고 내 가정을 스스로 책임질 수 있게 되는 것입니다.

이 정도면 북군의 해방전쟁에 함께하고 싶어 하는 노예들의 입장에서 찰스 그리핀 장군을 가리켜 "내 친구 찰스여, 나도 그 행렬에 함께하고 싶어요"라고 했다는 주장도 그럴듯하지요?

8절: 이 부분은 1절과 같습니다.

〈When the Saints Go Marching In〉은 노예 해방을 위한 북군의 용기와

희생을 찬양함으로써 북군의 사기를 높여주었으며, 노예들에게는 희망과 용기를 주었고, 노예 해방을 위해 모두가 단결하게 하였을 것입니다. 또한 흑인들의 인권 운동에도 중요한 역할을 했던 노래이며 오늘날에도 자유와 평등의 가치를 추구하는 모든 사람에게 영감을 주는 노래입니다.

이것으로 노래의 소개는 끝났는데, 흑인 영가를 들으면 항상 이상하게 느껴지는 점이 있습니다.

아프리카에서 뛰놀던 젊은이들을 잡아 와 노예로 부리면서 주인이 흑인들에게 가르친 것은 일을 시키기 위해 필요한 기본적인 어휘와, '노예는 생각할 필요도, 배울 필요도 없다'는 노예 의식을 어릴 때부터 골수에 심어주는 것뿐이었을 것입니다.

혹시 아프리카 음악을 들어보셨나요? 물론 〈잠보 브아나〉 등 근대 작곡된 멋진 곡을 제외하고 오래된 아프리카 전통음악을 들어보면 리듬감이 있고 특이하지만 지루해서 하품만 나옵니다.

그런데 아프리카에서 이렇게 보잘것없는 리듬이나 즐기던 이들이 기초교육도 받지 않고 강렬한 리듬과 흥겨운 멜로디, 그리고 깊은 열망을 가사에 담아, 영가(靈歌)라고 극찬받는 노래들을 어떻게 만들어 낼 수 있었을까 하는 것이 참 궁금했습니다.

또 짐승과 흑인을 구분 못 하던 백인들이 흑인에게 하나님을 알려주었을까요? 만일 하나님을 가르쳐 흑인도 하나님께 찬송하고 함께 기도한다면 노예로 막 다룰 수 있을까요?

도대체 이 노예들의 음악은 어디서 나왔으며 이들이 하나님을 어떻게 받아들이게 되었을까요?

어쨌든 하나님은 이들의 아픔 속에 스며들어 소망이 되었고 흑인 노예들은 성경을 주제로 영혼의 노래를 만들어 부르고 있었습니다.

이 노래는 계시록에서 많은 부분을 인용했는데, 이 노래 외에도 〈Go Down Moses〉, 〈Swing Low Sweet Chariot〉, 〈Deep River〉, 〈Michael Row the Boat Ashore〉, 〈Come By Here(Kumbaya)〉 등 슬픈 현실을 살면서도 하나님이 함께하심을 믿고 소망을 품은 흑인 영가는 흑인 사회를 넘어 미국 대륙과 전 세계로 퍼져나갔습니다. 영가는 흑인들에게 자유에 대한 열망을 심어주었고, 하나님의 위안과 희망을 알게 하였으며, 흑인의 지적 능력을 깔보고 무시했던 많은 사람들에게 흑인의 뛰어난 능력을 각인시킬 수 있는 유일하고 비폭력적 방법이었으며, 흑인 스스로도 자긍심을 갖도록 해주었습니다.

잠시 『신약성서』에서 감동적인 부분 하나를 소개하겠습니다. "한 바리새인이 예수께 자기와 함께 잡수시기를 청하니 이에 바리새인의 집에 들어가 앉으셨을 때에 그 동네에 죄인인 한 여자가 있어 예수께서 바리새인의 집에 앉으셨음을 알고 향유 담은 옥합을 가지고 와서 예수의 뒤로 그 발 곁에 서서 울며 눈물로 그 발을 적시고 자기 머리털로 씻고 그 발에 입 맞추고 향유를 부으니 예수를 청한 바리새인이 이것을 보고 마음에 이르되 '이 사람이 만일 선지자더면 자기를 만지는 이 여자가 누구며 어떠한 자 곧 죄인인줄 알았으리라' 하거늘 예수께서 대답하여 가라사대 '시몬아 내가 네게 이를 말이 있다' 하시니 저가 가로되 '선생님 말씀하소서' 가라사대 '빚 주는 사람에게 빚진 자가 둘이 있어 하나는 오백 데나리온을 졌고 하나는 오십 데나리온을 졌는데 갚을 것이 없으므로 둘 다 탕감하여 주었으니 둘 중에 누가 저를 더 사랑하겠느냐' 시몬이 대답하여 가로되 '제 생각에는 많이 탕감함을 받은 자니이다' 가라사대 '네 판단이 옳다' 하시고 여자를 돌아보시며 시몬에게 이르시되 '이 여자를 보느냐 내가 네 집에 들어오매 너는 내게 발 씻을 물도 주지 아니하였으되 이 여자는 눈물로 내 발을 적시고 그 머리털로 씻었으며 너는 내게 입맞추지 아니하였으나 저는 내가 들어올 때로부터 내 발에 입맞추기를 그치지 아니하였으며 너는 내 머리에 감람유도 붓지 아니하였으되 저는 향유를 내 발에 부었느니라 이러므로 내가 네게 말하노니 저의 많은 죄가 사하여졌도다 이는 저의 사랑함이 많음이라 사함을 받은 일이 적은 자는 적게 사랑하느니라' 이에 여자에게 이르시되 '네 죄 사함을 얻었느니라' 하시니 함께 앉은 자들이 속으로 말하되 '이가 누구이기에 죄도 사하는가' 하더라 예수께서 여자에게 이르시되 '네 믿음이 너를 구원하였으니 평안히 가라' 하시니라(눅7:36-50)"

종교 국가에서 죄인으로 낙인찍히는 것은 종교·사회·경제적인 철저한 고립일 뿐 아니라 가족에게도 배척되는 명예 사형입니다. 이런 사람은 누구에게 말도 붙일 수 없습니다.

이 여인은 예수께 감히 접근하기도 어려웠으나 자신을 구원해 줄 유일한 분으로 알았기에 최후의 용기를 내어 비싼 향유를 사서 자신의 머리카락으로 예수의 발을 닦습니다.

이런 행동은 당시에도 매우 치욕스러운 행동이었지만 이 여인은 필사적이었고, 하고 싶은 말은 많았으나 정작 아무 말도 못 하고 눈물만 하염없이 흘릴 뿐이었습니다.

바리새인인 시몬은 이 여인이 더러운 죄인인 것도 모르고 발을 맡긴 예수가 안쓰럽기도 하고 의심스럽기도 했을 것입니다. 이런 상황에서는 예수께서 이 여인의 죄를 사해주시더라도 지역사회에서의 따돌림은 변하지 않았을 것입니다.

그래서 예수께서는 먼저 그 지역의 '율법옹호자'인 바리새인, 시몬에게 이 여인이 죄 사함을 받는 당위성을 먼저 납득시킨 후 이 여인의 죄를 사해주십니다. 그래서 이 여인이 죄 사함을 받았다는 이야기와 지역의 유력인이 이를 납득했다는 사실이 함께 전해지며 이 여인이 예수의 죄 사함을 받은 후, 지역사회에서 따뜻한 환영을 받으며 현실 세계에서 살아갈 수 있는 길도 동시에 열어주게 됩니다.

그런데 예수께서 하필 이곳 바리새인의 집에서 식사를 하셨을까요? 설마 바리새인이 청한다고 예수께서 아무 생각없이 따라오셨을까요?

그러나 예수께서는 그 공을 돌려 "네 믿음이 구원하였다"며 이 여인의 믿음을 격려해 주시는데, 이 말씀은 죄를 사한 분은 하나님이시고 이 여인은 그 자격이 있다는 말씀으로 추후에 논란이 될 수 있는 사면(赦免)의 정당성 시비에서도 이 여인이 벗어나 안전하게 해주셨습니다.

그리스도의 지혜와 자비로움에 거듭 감탄하게 됩니다.

이어진 "네 믿음이 너를 구원하였으니 평안히 가라"는 이 말씀은 이 여인에게 얼마나 벅차고 고마운 말씀이었을까요? 이 "평안히 가라"는 예수의 인사는 죄 사함과 동시에 절박한 삶에서 벗어나 현세에서부터 하늘나라를 맞이하게 하는 '완전한 구원'의 인사였습니다.

여기서 우리가 주목해야 할 점은 예수는 굶주린 사람에게 빵 한 조각 던져주고 "내 할 일 다했다"며 그냥 가시는 분이 아니라는 것입니다. 만일 그러셨다면 노예 해방을 위한 전쟁이 북군의 승리로 끝나더라도 흑인은 백인들 사회에서 여전히 천대받으며 열등 인간으로 살아갔을 것입니다.

하지만 흑인들에게는 해방전쟁과 함께 주신 하나님의 선물, 영가(靈歌)가 있었습니다.

「이사야서(57:15)」에는 "내가 높고 거룩한 곳에 거하며 또한 통회하고 마음이 겸손한 자와 함께 거하나니 이는 겸손한 자의 영을 소성케 하며(To revive the spirit of the humble), 통회하는 자의 마음을 소성케 하려 함이라"고 전하신 말씀이 흑인 노예들에게 영가를 통해서 실현되었음을 알 수 있었습니다. 오로지 하나님께 희망을 걸고 인간 이하의 삶을 견디며 살아가는 흑인들의 영혼을 하나님께서 소성케 하시어 감동적인 영가를 창작할 능력을 주셨고 인간의 영혼 깊이 감동을 주는 흑인 영가는 흑인에 대한 인식 전환을 촉진했고 해방 이후 민권 운동과 정치활동에 지대한 영향을 끼쳐 정상적인 자유인의 권리를 찾는 데 큰 도움이 되기도 했습니다.

> 눈물을 흘리며
> 씨를 뿌리는 자는 시126:5
> 기쁨으로 거두리로다

하나님을 아는 사람들은 겸손해질 수밖에 없는데, 나의 모든 것은 본래 나의 것이 아니라 하나님이 주신 것이며, 또한 주셨듯이 거두어 가실 수 있는 것을 알기 때문일 것입니다.

노예들의 눈물을 닦아주시기 위해 영감과 능력을 주신 하나님의 역사가 흑인들과 함께하셨기에, 아프리카의 조상들에게 없던 이 능력이 당시 흑인 노예에게서 발현되었으나, 근래 흑인음악은 이러한 특성이 많이 퇴색되어 백인들의 음악이나 심지어 K-POP 등에도 밀리며 쇠퇴하는데, 이는 하나님이 목적하신 바, 흑인들의 눈물을 닦아주시는 역사가 완성되었으며 자유를 얻은 흑인들이 하나님으로부터 멀어졌기 때문이 아닐까 생각해 봅니다.

"여기 임하시어 내 눈물을 닦아주소서" 하며 하나님을 애타게 찾는 노예들의 꿈바야(Kumbaya)에 응답하신 하나님의 이 위대한 역사는 살아 계신 하나님의 주권 선언이며, 해방전쟁과 함께 주어진 그들의 영가(靈歌)는 그들을 이 세상에서부터 천국으로 이끄는 '완전한 구원'을 위한 하나님의 선물이었습니다.

성탄(聖誕)

When a Child Is Born(어떤 아기가 태어날 때)

노래 Johnny Mathis

이 곡은 이탈리아 작곡가가 1972년에 작곡한 'Soleado'의 곡에 Fred Jay가 가사를 붙여, 이탈리아 가수 치로 다미코(Ciro Dammicco)가 발표한 곡으로 괴기영화의 주제곡으로 사용되었습니다.

이때만 해도 이 노래가 크리스마스 캐럴로 들리게 될 줄은 몰랐습니다만, 1976년 미국 가수 조니 마티스가 영어로 발표하며 세계적인 노래가 되었고, Boney M이 1981년 발매한 이후 크리스마스 캐럴로 많이 불려지고 있습니다. 그리고 이 노래는 성탄뿐 아니라, 아기의 탄생을 기념하는 곡으로도 많이 사용되어 1년 내내 들을 수 있기도 합니다.

A ray of hope flitters in the sky
하늘에 희망의 빛이 반짝입니다
A shiny star lights up way up high
하늘 높이 반짝이는 별이 빛납니다
All across the land dawns a brand new morn
온 누리에 새로운 아침이 밝아옵니다
This comes to pass when a child is born
이것은 어떤 아기가 태어날 때 일어납니다
A silent wish sails the seven seas
조용한 소망이 일곱 바다를 항해합니다
The winds have changed whisper in the trees
변화의 바람이 나무 사이에서 속삭입니다
And the walls of doubt crumble tossed and torn
그리고 의심의 벽은 던져지고 찢어지고 부스러집니다
This comes to pass when a child is born
이 일은 어떤 아기가 태어날 때 일어납니다
A rosy fume settles all around
장밋빛이 온 세상을 덮습니다
You've got the feel you're on solid ground
당신은 당신이 단단한 대지 위에 있다고 느낍니다
For a spell or two no-one seems forlorn
잠시 동안 아무도 외롭게 느끼지 않을 겁니다
This comes to pass when a child is born
이것은 어떤 아기가 태어날 때 일어납니다
And all of this happened because the world is waiting
그리고 이 모든 것은 세상이 기다리고 있기 때문에 일어났습니다
Waiting for one child. Black, white, yellow, no one knows
한 아기를 기다리고 있습니다. 누구로 어디로 오실지 아무도 모릅니다

성탄(聖誕) **When a Child Is Born(어떤 아기가 태어날 때)**

But a child that would grow up and turn tears to laughter
하지만 자라서 눈물을 웃음으로,
Hate to love, war to peace
미움을 사랑으로, 전쟁을 평화로
And everyone to everyone's neighbour
그리고 모두를 모두의 이웃으로 바꾸어 줄 아이
Misery and suffering would be forgotten forever
불행과 고통은 영원히 잊혀지겠지요
It's all a dream and illusion now
그것은 지금 꿈이고 환상이지만,
It must come true, sometimes soon somehow
언젠가는 반드시 이루어지겠지요
All across the land dawns a brand new morn
온 누리에 새 아침이 밝아옵니다
This comes to pass when a child is born
이 일은 어떤 아기가 태어날 때 일어납니다

아르헨티나의 한 시골 마을, 가난한 목동의 아들로 태어난 한 남자아이가 자라나 사랑을 하면 보름달이 뜰 때 늑대로 변한다는 전설이 내려옵니다. 주인공 나자리노는 이웃 소녀를 사랑하게 되는데, 어느 날 악마가 나자리노를 찾아옵니다. 그리고 사랑을 포기하면 저주를 풀어주고 많은 재산을 주겠다는 제안을 하지만, 나자리노는 거절하고 사랑을 택합니다.

그리고 드디어 보름달 아래 늑대로 변한 나자리노를 주민들이 총으로 사냥하는데, 그 소녀가 나자리노 대신 총에 맞습니다. 이에 도망하려던 나자리노도 죽음을 선택합니다.

영화에서 늑대로 변한 소년의 이름은 Nazareno Cruz(십자가의 나사렛사람)입니다.

많이 찜찜하지요. 생명과 돈보다 사랑을 선택한다는 스토리는 좋지만, 이 아름다운 음악이 음울한 영화에 사용된 것도, 예수의 사랑을 고작 이성에 대한 사랑(Eros)으로 묘사한 것도 불만스럽습니다. 하지만 노래는 평화롭고 아름답습니다.

⟨When a Child Is Born⟩의 가사는 아기 예수의 탄생을 기념하는 내용이며, 멜로디는 마치 아이들에게 옛날이야기를 들려주는 듯한 분위기를 자아냅니다. 간략히 보겠습니다.

1절: 세상에 구원과 희망을 가져올 아기 예수의 탄생을 기다리는 밤하늘의 별과 아침 해도 설레며 그 조짐을 표현합니다. '말씀'이 인간으로 태어나시는데, 아무런 징조도 없을 리 없겠지요. 성경에서도 이 징조를 기록한 부분이 많습니다.

이 징조들은 예수의 탄생이 온 인류에게 희망과 구원을 주는 매우 중요한 사건임을 암시합니다.

2절: "조용한 소망이 일곱 바다를 항해합니다(A silent wish sails the seven seas)"라는 구절에서 "일곱 바다"는 온 세상을, "조용한 소망"은 세력에 의하지 않고 사람에서 사람으로 은밀하게 전파되는 것을 말하며, "항해"는 세상을 변화시킬 움직임을 나타내고 있습니다.

"변화의 바람이 나무 사이에서 속삭입니다. 의심의 벽이 무너집니다"라는 표현은 그리스도의 탄생에 대한 의구심이 사라지고 세상에 믿음과 사랑의 확신을 준다는 표현입니다.

3절: 기다리던 한 아이가 태어나는 순간의 환희와 희망을 표현하며, 내레이션 부분에서는 모든 사람에게 사랑과 평화의 희망을 줄 한 아이의 탄생을 모두가 고대하고 있음을 이야기합니다.

4절: 기다리는 예수가 오시기 전에는 평화와 사랑이 환상이고 꿈에 불과했지만 실현시켜 주실 예수의 탄생, 즉 오랜 기다림의 끝이자 새로운 기다림에 대한 설렘으로 마무리합니다.

이처럼 〈When a Child Is Born〉은 수천 년간 기다려 온 메시아의 임박한 탄생에 기대감과 흥분을 동화같이 표현하였습니다.

그런데 수천 년간의 기다림이라면 도대체 언제부터 기다린 것일까요?

그리스도에 대한 하나님의 최초 약속은 『창세기(3:15)』에 아담을 에덴에서 쫓아내시면서 주셨습니다. 하나님께서는 여자가 선악과를 먹도록 유혹한 뱀을 저주하시며, "내가 너로 여자와 원수가 되게 하고 너의 후손도 여자의 후손과 원수가 되게 하리니, 여자의 후손은 네 머리를 상하게 할 것이요 너는 그의 발꿈치를 상하게 할 것이니라"고 말씀하시는데,

뱀은 사탄을, 여자는 인류를 상징하므로 사탄과 인류의 영원한 갈등에서 인류를 구원할 여자의 후손, 즉 사람으로 오실 예수의 탄생과 사역과 죽음을 에덴 추방 때부터 예고하신 것입니다.

뱀이 머리를 발로 밟히면 발꿈치를 물 수 없고, 사람이 발꿈치를 물리면 머리를 발로 밟을 수가 없는데, 인간으로 오신 예수는 이 세상에서는 죄인들에게 죽임을 당하셨으나 인류를 죄에서 구원하셨으니 과연 뱀에게 발꿈치를 물리고 뱀의 머리를 밟은 태곳적 예고가 참으로 적절합니다.

또 『구약성서』에는 예수의 탄생과 사역에 대한 예언이 여러 곳에 나타나고 있습니다.

예수 탄생 2,000년, 하나님께서는 아브라함에게 세 가지 약속을 주셨는데, 큰 민족과 땅 그리고 "땅의 모든 족속이 너를 인하여 복을 얻을 것이니라(창 12:3)"는 말씀으로 메시아가 아브라함의 후손 중에 태어날 것을 약속하신 것입니다.

예수의 탄생이 가까워지면서 선지자들의 예언은 점점 더 구체화됩니다.

탄생 700년 전, 『이사야서(7:14)』에서 "보라 처녀가 잉태하여 아들을 낳을 것이요, 그 이름을 임마누엘이라 하리라"고 한 예언은 예수의 탄생 배경과 함께 그 정체를 임마누엘(Immanuel, 우리와 함께하시는 하나님, 하나님이 우리와 함께 계시다)이라고 예언한 것입니다.

이 외에 『이사야서(9:6)』 등등 많은 곳에서 예언되는데 특히 『미가서(5:2)』에 "베들레헴 에브라다야 너는 유다 족속 중에 작을지라도 이스라엘을 다스릴 자가 네게서 내게로 나올 것이라 그의 근본은 상고에, 태초에니라"고 역시 탄생 700년 전에 태어나실 예수가 하나님이라는 것을 밝히기도 하였습니다.

이 예언들은 예수 탄생이 하나님의 아주 오랜 계획에 따라 이루어지는 것임을 증거하고 있습니다.

그런데 유대인들은 하나님의 약속으로부터 어떤 그리스도를 기다려온 것일까요?

BC586년 이스라엘왕국이 멸망한 후, 유대인들은 바빌로니아, 페르시아와 헬레니즘 세력에 의하여 정복되었고 25년간(BC167~BC142)의 끈질긴 마카비 전쟁으로 독립을 쟁취하였으나, BC63년 로마에 의해 다시 점령당했습니다.

이런 역사적 배경에서 유대인들은 자유와 함께 약속의 땅을 갖게 해준 모세의 역할에 더하여, 세상에 평화와 정의를 이룰 메시아(Messiah, 기름 부음 받은 자)이자 이방을 정복하여 이스라엘의 영광을 회복할 왕, 더 나아가 이스라엘을 죄에서 구원할 선지자로서의 그리스도를 기다려 온 것입니다.

『이사야서(9:7)』에서도 "그 정사와 평강의 더함이 무궁하며 또 다윗의 위에 앉아서 그 나라를 굳게 세우고 지금 이후 영원토록 공평과 정의로 그것을 보존하실 것이라"고 하였고,

『다니엘서(7:14)』에서는 "그에게 권세와 영광과 나라를 주고 모든 백성과 나라들과 각 방언하는 자로 그를 섬기게 하였으니 그 권세는 영원한 권세라 옮기기 아니할 것이요 그 나라는 폐하지 아니할 것이니라" 하였으며,

『에스겔(38:25)』도 "~그들과 그 자자손손이 영원히 거기 거할 것이요 내 종 다윗이 영원히 왕이 되리라" 하였으니 이를 글자대로 해석한다면 유대민족의 염원이 이해될 만도 합니다.

그러나… 안타깝게도 그리스도는 유대인들이 바라는 모습과는 전혀 다른, 초라한 모습으로 이 세상에 오셨습니다.

만일 이스라엘이 바라던 메시아가 오셔서 천년왕국을 건설하여 강성하게 만들어 주시면 그 나라가 영원할까요? 아니면 메시아가 천년만년을 살면서 왕국을 통치하여야 할까요?

하나님은 모세를 통해 이스라엘 민족에게 자유와 약속의 땅을 주었지만,

유대인들은 기회만 있으면 여호와를 배신했고, 그들에게 배신은 일상이었습니다. 그리고 결국은 왕국 분열과 멸망으로 이어집니다. 인간 본성이 바뀌지 않는다면 그 메시아가 천 년을 직접 통치한다 해도, 이스라엘의 배신과 징벌의 역사는 과거와 같이 반복될 것입니다.

그래서, 예수그리스도는 "썩는 양식을 위하여 일하지 말고 영생하도록 있는 양식을 위하여 하라(요 6:27)"시며 '썩을 것'이 아닌 '썩지 아니하는 것'을 주시기를 원하셨습니다.

또 베드로(1:23-25)는 "너희가 거듭난 것이 썩을 씨로 된 것이 아니요, 썩지 않을 씨 곧 하나님의 말씀으로 되었느니라. 그러므로 모든 육체는 풀과 같고 그 모든 영광이 풀의 꽃과 같으니, 풀은 마르고 꽃은 떨어지되 오직 주의 말씀은 세세토록 있도다"며 예수가 주신 '썩지 않는 것'의 영원함을 찬양하였습니다.

예수의 탄생은 창세 이래 이어져 온 오랜 기다림이 성취된 사건이며, 『구약성서』의 실현으로서 예수 탄생을 통해 하나님은 인간을 구원하시고, 세상에 희망과 사랑을 가져다주셨습니다.

만일 예수 탄생이 없었다면, 아무 누구도 우리가 어떡하든 살아가야 할 이 세상을 행복하게 살아갈 자신도 없고 이렇게 힘들게 살아가야 할 의미도 알 수 없었을 것입니다.

얼마 전 인터넷에 이런 글이 올라왔습니다.

"김영철이 '홍진경 씨가 1993년 '슈퍼모델 선발대회'에서 데뷔하셨다. 그러면 올해가 데뷔 30주년이냐?'라고 묻자, 홍진경이 '그렇다. 데뷔 30주년이다'라고 답했고, 김영철이 '저는 1999년에 데뷔해서 올해 24년 차다'라고 말하자 홍진경은 깜짝 놀라며 '왠지 오빠는 80년대에 데뷔한 사람 같다. 느낌이 되게 오랫동안 우리 곁에 있었던 사람 같다'라고 말해 또 웃음이 터졌다.
'만약 스무 살로 돌아갈 수 있다면 가장 하고 싶은 일이 무엇이냐?'라는 한 청취자의 질문에 홍진경은 '절대 돌아가고 싶지 않다. 한순간도 한 시간도. 지금이 행복해서가 아니라 또 사는 게 너무 버거워서'라고 말했다"

너무도 솔직한 이 이야기에 충격을 받고 잠시 멍하니 생각에 잠겼습니다.
하나님 없이 사는 세상은 고해(苦海)이니 이내 수긍이 가기는 했습니다만 하나님을 모르고 혼자 살아가야 하는 것이 얼마나 힘든지 공감이 되는 이야기였습니다.
한 치 앞을 볼 수 없는 인생을 스스로 책임져야 하는 삶, 어찌 버겁지 않을 수 있을까요?
예수그리스도가 이 세상에 오시지 않았다면 우리 모두도 '불안 속에서 오늘을 살다가 또 불안 속에 내일을 맞아야 하는 버거운 날들'을 하루하루 보내고 있었을 것입니다.

아담과 이브를 '에덴에서 고해(苦海)로 쫓아내시며 주신 하나님의 놀라우신 구원계획을 찬양하고, 그리스도의 탄생으로 우리가 누리게 된 '새 하늘과 새 땅'에 감사드립니다.
그리고 우리를 불러주시어 성도들과 함께 그리스도 탄생을 기뻐하게 하신 은혜에 감사드립니다.

Merry Christmas

천지창조

What A Wonderful World(얼마나 놀라운 세상인가)

노래 Louis Amstrong

1967년 ABS Record사의 Bob Thiele와 George David Weiss가 만든 곡으로 같은 회사소속인 루이 암스트롱(1901~1971)이 노래하였습니다. 원래 ABS Record 사장은 이런 느린 음악이 싫었습니다. 그래서 녹음을 중단하려 했다가 버리는 셈치고 홍보도 없이 내놓았기 때문에 처음에는 반응이 신통찮았습니다. 하지만 이 듬해 싱글이 발매되고 영국 싱글차트 1위를 기록하면서 아주 오랫동안 우리에게 친근한 음악이 되었습니다.

I see trees of green, red roses too
나는 초록빛 나무를 봅니다. 붉은 장미도 봅니다
I see them bloom for me and you
나는 우리를 위해 피어 있는 것을 봅니다
And I think to myself
그리고 혼자 생각합니다
What a wonderful world
'이 얼마나 놀라운 세상인가' 하고
I see skies of blue and clouds of white
나는 푸른 하늘과 흰 구름을 봅니다
the bright blessed the day and the dark sacred night
밝은 축복받은 낮과 어두운 밤이 안녕을 말하는 모습을
And I think to myself
그리고 혼자 생각합니다
What a wonderful world
'이 얼마나 놀라운 세상인가' 하고
The colors of the rainbow so pretty in the sky
하늘에 참으로 아름다운 무지개의 색깔들이
Are also on the faces of people going by
지나가는 사람들의 얼굴에도 그대로 보입니다
I see friends shaking hands
나는 친구들이 악수하는 모습을 봅니다
Saying How do you do They're really saying I love you
어떻게 지내십니까?라고 말하며 그들은 사실 사랑한다고 말합니다
I hear babies crying I watch them grow
나는 아기들이 우는 소리를 듣습니다. 그들이 자라는 모습을 지켜봅니다
They'll learn much more than I'll ever know
그들은 내가 아는 것보다 더 많이 배울 것입니다

And I think to myself
그리고 혼자 생각합니다
What a wonderful world
'이 얼마나 놀라운 세상인가' 하고
Yes I think to myself
나는 혼자 생각합니다
What a wonderful world. Oh yeah
'이 얼마나 놀라운 세상인가' 하고. 오~ 예

당시 흑인들의 삶이 그렇듯이 루이 암스트롱도 어려운 환경에서 자라나 13세 때 공공장소에서의 방황과 사소한 장난질로 인해 소년원에 갇히게 되었습니다.

하지만 하나님의 뜻은 인간이 알 수 없는 것!

암스트롱은 교도소 안에서 트럼펫을 배워 음악의 길로 들어섰고 '재즈의 황제'로 자라납니다.

이 노래가 하나님을 찬양하기 위한 의도에서 만들어진 노래인지 여부는 중요치 않습니다.

이 노래는 하나님이 주신 '이 멋진 세상'을 즐기는 법을 완벽하게 안내하고 있기 때문입니다.

하나님이 우리에게 주신 이 완벽한 세상! 하나님이 만들어 주신 세상은 이렇게 즐기는 것입니다.

자연에 기뻐하고, 이웃을 사랑하고, 미래에 희망을 갖고 그리고 **행복한 것**입니다.

내가 하나님이 이 세상을 창조하셨다는 말을 꺼내면 "맘이 편할 테니 부럽다"고 빈정대는 사람도 있습니다만, 수많은 우연과 비약을 당연시하는 뻔뻔스러운 설명에는 나도 불만입니다.

그래서 오늘은 하나님께서 이 놀라운 세상(What a wonderful world)을 창조하신 과정에 대해 성서의 관점이 아닌 현대과학의 관점에서 정리하고 짚어보고자 합니다.

소개하는 내용은 공개된 인터넷 등에서 추출한 것이므로 대부분 아시는 내용이겠으나, 시간대별로 정리해 놓고 의미를 생각해 보면, 평소에는 알아도 안 보이던 것들이 보이게 됩니다.

"내가 창조주라면 아무것도 없는 '무(無)'에서 이 세상을 어떻게 창조해야 했을까?"

각자 하나님이 되어, 세상을 창조하신 그 순서와 방법을 찬찬히 생각해 보세요.

차원의 생성

138억 년 전, 물리학자들은 우주빅뱅(태초의 큰 폭발)으로 **시간**과 **공간**과 **빛**(광자) 그리고 **물질**(수소)이 생겼다고 합니다. 시간? 처음부터 얼큰한 이야기가 나오는데, 이런 건 가차 없이 넘어가 줍니다.

어쨌든 가장 가벼운 원소인 수소와 헬륨이 제일 먼저 만들어졌습니다. 그리고 약 1억 년이 지나 수소와 헬륨이 모여 태양 같은 별(항성)도 생기고, 이 별이 아주 오랜 핵융합 끝에 수소가 모두 헬륨으로 바뀌면, 별은 내부 온도가 1억 도에 이르는 적색거성이 되는데 이 1억 도의 높은 온도에서 탄소, 규소 등이 2차로 생성되었답니다.

별과 태양계의 탄생

50억 년 전, 질량이 아주 큰 별이나 쌍성이 초신성으로 폭발하면서 수십억 도에서 수천억 도의 고온에서 3차로 중금속이 생성되어 전 우주로 뿌려지고 잔해(가스, 에너지)들이 군데군데 모입니다.

이 폭발 후 수소, 헬륨가스가 밀집, 수축, 핵융합을 통해 다시 항성(태양)이 태어나고 나머지 먼지들은 정전기와 인력(引力)의 작용으로 뭉치고 뭉쳐 작은 운석이 되고, 그 운석들이 뭉치고 또 뭉쳐 지구 같은 행성이 되고 행성계(태양계)를 형성하게 되었는데, 서로 충돌하면서 발생한 압축열이 축적되어 행성들은 마그마 상태로 존재합니다.

지구의 기본 구조와 물질 형성

46억 년 전 태양보다 10억 배나 밝은 초신성은 폭발 불과 몇 초 만에 철과 같은 아주 무거운 원소들을 생성하고 우주공간으로 퍼져나가 다른 별들을 생성할 재료가 되었습니다.

끓는 마그마 상태의 지구는 당시 하루 6시간의 빠른 자전과 중력의 작용으로 원소 분리가 진행됩니다. 즉, 철. 니켈같이 무거운 것은 지구 가운데로 내려가 액체 상태로 외핵이 되어 자기장을 형성, 우주방사선으로부터 지구의 방패역할을 해줍니다. 가벼운 규소 같은 것은 지구 표면으로 몰립니다. 더 가벼운 기체는 대기층이 되었습니다.

달의 탄생

45억 년 전 지구, 운석들과의 계속되는 충돌로 덩치가 커지고 열이 축적되어 섭씨 1,200도에 액화된 암석 위에 수증기와 이산화탄소, 질소만이 있었습니다. 어느 날 화성 크기의 행성 '테이아'가 초속 15km(마하 44)의 속도로 지구에 부딪혀 지구는 더 커지고 인력도 더 커졌으나, 그 충격으로 우주로 퉁겨져 날아간 지구의 파편이 인력의 영향으로 토성의 띠처럼 지구 주변에 퍼졌다가, 다시 모여 달이 되었습니다. 만일 속도가 더 빨랐다면 지구가 흩어졌을 것이고, 느렸다면 달은 없을 것입니다.

지구에 물과 미네랄과 DNA 준비

39억 년 전, 지구는 수많은 유성들의 벌 떼 공격을 받습니다.

그런데 이 유성들은 물 입자를 가지고 있었습니다. 각 유성에는 적은 얼음만 있었지만 2,000만 년 동안 이 유성들이 계속 충돌하면서 지구에 많은 물이 축적되어 바다가 생겼습니다.

지금 우리가 마시는 상당 부분의 물은 모두 39억 년 전 우주에서 운석에 담겨 날아온 바로 그 물이며, 일부는 화산폭발 시 쏟아져 나온 수증기랍니다.

당시 지구의 빠른 자전 때문에 엄청난 바람이 불었고, 지구와 달의 거리는 2.2만km로 지금의 40만km보다 아주 가까워서 엄청난 파도가 쳤습니다.

다행히 달의 큰 인력은 원소 분리가 끝난 지구의 자전 속도를 늦추고 달은 지구에서 점점 멀어져 바람과 파도도 점차 약해집니다.

그리고 다시 유성의 공격이 시작되었습니다.

그런데 이번에는 물이 아니고, 미네랄과 탄소와 아미노산 그리고 원시 단백질을 가지고 바다로 들어갔습니다. 바다에는 미네랄, 단백질 등의 화합물이 섞이고 녹아들었습니다.

원리와 시기는 알 수 없지만 이 화합물이 모여 최초로 DNA를 가진 LUCA(Last Universal Common Ancestor, 모든 생물의 공통조상)이 태어납니다. 이 단세포 생물이 어디서 태어났고 어떻게 DNA를 물려받았는지 우리는 알 수 없습니다. 단지 당시 지구에는 지금의 수십 배 많은 번개가 쳐서 아미노산이 단세포 생물 또는 박테리아로 변하도록 도왔을 것이라는 설이 있습니다.

> ※ 우연: 과학은 진화의 방향과 이점을 설명하지만, 일개 영양소인 아미노산이 생물이 된 과정은 '우연'이라 주장하는데, 누군가의 창조 과정이라는 답을 외면한 채, 모른다는 말을 씩씩하게 표현한 단어가 바로 '우연'입니다.
>
> '진화의 방향성'이라고 제법 설득력이 있는 이론도 있습니다만, 이 이론 역시 진화가 창조주의 뜻한 방향대로 진행되었다는 것을 암시할 수 있기 때문에 무신론과학자들은 진화는 방향성이 없이 돌연변이와 유성생식에 의해 이루어지며 단순한 우연적인 사건으로 이루어진다고 주장합니다.
>
> 그러면 인간의 지능이 점차 높아진 것은 '우연'이 백만 년에 걸쳐 <u>방향성 없이, 한 방향으로만 반복된 때문이었을까요?</u> 이것은 자가 당착(自家撞着, 스스로 맞부딪힘)'입니다.
>
> 그리고 아미노산이나 단백질은 생물체 이외의 환경에서는 자기 증식이 처음부터 아예 불가능한 물질입니다.
>
> 생물체 없이 자기 증식이 불가능하며, 돌연변이도, 유성생식도 안 되는 <u>단순한 영양소인 화합물이 번개 몇 방 맞고 DNA를 갖는 생물체로 변한 것</u>을 '우연'이라 하는데 연필이 종이에 수천만 경 번 닿으면 '의지'가 없어도 우연히 멋진 글이 생겨날 수 있을까요?

대기에 산소 준비

35억 년 전, 물이 얕은 곳에 수많은 섬들이 생겨나고 바닷속에는 '스트로마톨라이트(Stromatolites)'라고 불리는 박테리아의 군집이 번성하며 광합성 즉, 이산화탄소와 햇빛으로 포도당을 만들어 내고 부산물로 산소를 생산했답니다.

최초의 대륙 형성

15억 년 전에 지구의 판을 움직여 바다를 가르고 섬을 연결하여 장장 4억 년에 걸쳐 11억 년 전에는 초대륙인 판게아(Pangaea, 모든 땅)를 형성하였답니다.
그리고 '스트로마톨라이트(Stromatolites)'는 20억 년 동안 계속해서 산소를 만들었습니다. 그래도 생물이 번성하기에는 산소가 부족했습니다.

생물의 생육에 적당한 산소 준비

7억 5,000만 년 전, 초대륙이 둘로 갈라지고 화산활동이 빈번해져 화산재와 먼지가 햇빛을 차단하여 빙하기가 옵니다. 이 시기에는 두께 3km에 달하는 빙하가 지구를 뒤덮었습니다.
그 와중에도 화산활동은 계속되었는데 온 천지가 얼음으로 뒤덮여 이산화탄소를 흡수할 곳이 없어져 대기에서 온실효과를 보이는 한편, 햇빛 속의 강한 자외선이 얼음 속의 물 분자와 반응하여 과산화수소(H_2O_2)를 만들었고 얼음이 녹으면서 과산화수소가 막대한 양의 산소(O_2)를 만들게 됩니다. 만일 빙하기가 더 길어 산소가 더 많이 생성되었다면 동물들은 산소중독으로 생존할 수 없었을 것입니다.

강력한 자외선으로부터 지구 방어막 준비

5억 4,000만 년 전, 바다는 다양한 생물이 갑자기 등장하는 시기(캄브리아기 대폭발)에 접어듭니다.

바다 밑에는 수만 종의 식물과 동물이 번성하는데 육지는 어떨까요?

기후는 30도 정도로 따뜻했고 산소 수치도 지금과 비슷했지만, 태양이 치명적인 자외선을 내뿜었기 때문에 지상에는 생물이 살 수 없었습니다.

그런데 자외선이 대기와 만나는 지상 50km 위 지점에서 아주 이상한 일이 발생합니다.

산소(O_2)가 강한 자외선을 만나 오존(O_3)으로 변하는 것입니다.

1억 2,000만 년을 지내면서 오존층은 두꺼워졌고, 자외선이 만든 바로 그 오존이 이제 반대로 태양의 강한 자외선을 차단합니다.

기발한 '자가발전식' 지구방위프로세스(공정)입니다.

지구는 다 계획이 있었습니다.

인간이 사용할 자원 준비

3억 7,500만 년 전, 페데르페스(Pederpes)라는 물고기가 물 밖으로 나와, 3억 5,000만 년 전에는 서식지를 육지로 옮깁니다. 시간이 더 지나 이 물고기에서 공룡, 새, 포유류, 인간까지 모든 척추동물로 진화합니다.

당시에는 양치류(이끼) 식물밖에 없었으나, 배아 식물이 퍼져 지구상에 산소를 내뿜고 동물들이 번성할 수 있게 되었습니다. 거대한 절지동물과 파충류와 30m가 넘는 이끼 등이 죽으면서 습기가 많은 퇴적층에 오랜 기간 쌓였으나, 적절한 기후와 지질학적 조건으로 썩지 않고 암석이 덮여 시간이 지나면서 석탄으로 변형됩니다. 이 시기가 석탄기입니다.

생태계의 공백과 위협 요인 감소

2억 5,000만 년 전, 시베리아 지역의 용암층의 대규모 분출과 이로 인한 화산재로 지구의 대기는 이산화황으로 변하고 온실가스의 증가로 대기 온도가 올라가 물이 증발하였고, 지각변동으로 땅속에 갇혔던 메탄가스와 빙하기에 바다 밑에 얼어 있던 메탄가스가 녹아 나오면서 생물의 95%가 멸종하여 지구는 다시 죽은 행성이 되었습니다. 이것이 페름기 대멸종입니다.

메탄가스는 이산화탄소보다 25배 강력한 온실가스입니다. 이로 인해 지구 기온이 급격히 상승한 것이 멸종의 원인으로 추정되나, 이 기간 엄청난 양의 지하 및 해저 메탄가스가 대거 배출됨으로써 장기적으로는 지구의 잠재위협 요소를 감축하여 기후시스템을 개선시키는 데 기여했을 수 있답니다.

멸종 후 5,000만 년이 지난 2억 년 전에는 산성비가 중화되고 이산화탄소는 감소하여 기후가 다시 안정되며 겨우 살아남은 동물들의 급격한 진화로 공룡 등 다양한 생물이 나타나고 더욱 충만해졌습니다.

인간이 사용할 자원들이 계속 준비됨

1억 9,000만 년 전, 지구의 판이 또 움직여 대서양과 인도양을 만들면서 유독가스와 화산재가 하늘을 덮었으나, 당시 해류는 풍부한 먹이를 제공하여 물고기가 풍부하였고 이후 1,000만 년, 죽은 물고기와 플랑크톤이 쌓여 퇴적층을 형성하였는데 그 쌓인 압력으로 온도가 상승하며 석유가 됩니다.

인간 시대를 위한 대륙 형성

1억 8,000만 년 전, 아메리카판은 유럽과 아시아대륙으로부터 1년에 2.5cm 정도로 천천히 벌어지고, 바다 한가운데서 화산이 폭발합니다. 지구의 판이 움직였고 대륙의 재배치가 이루어져 새로운 대륙들이 나타나며 지금의 지구와 비슷한 모양을 갖게 됩니다.

지구가 변할 때마다 지구의 생명체는 변화하며 진화해 갔고 지상에는 공룡들이 번성했습니다.

공룡과 식물의 유해는 석탄·석유·석회암이 되었으며 공룡의 커다란 똥은 토지를 비옥하게 했습니다.

지형 평탄화 및 공룡 제거

6,500만 년 전, 직경 10km의 소행성이 초속 12km(마하 35)의 속도로 멕시코만 유카탄반도 부근에 부딪혀 지구상의 모든 것을 파괴했습니다. 이 에너

지는 수백만 개의 핵폭탄과 맞먹습니다.

충격으로 날아다니는 돌의 크기도 도시의 한 구역만 했답니다. 지진이 천지를 뒤흔들고, 엄청난 폭풍이 불며, 수 km의 거대한 쓰나미가 해안을 덮치는 것은 겨우 시작에 불과합니다.

지구 반대편에 에베레스트산(8,849m)보다 높은 11,000m로 솟은 산들이 무너져 낮아지고, 용암이 터져 올라 지표면은 섭씨 275도로 타오르고, 햇빛이 연기에 가려 없어지니 식물이 없어지고, 먹을 것이 없어진 동물도 사라집니다. 1억 5,000만 년 동안 지구를 지배했던 공룡은 완전히 멸종되었으나, 포유류는 주로 땅속에 살았고 조금만 먹어도 되기에 일부가 겨우 살아남을 수 있었습니다.

만일 이 소행성이 더 빠른 속도로 부딪혔다면, 40억 년 동안 만들어진 지구가 20~30억 년은 되돌아갔을 것이고, 속도가 더 낮았다면 공룡이 아직 살아남아 인간을 한 끼 식사 거리로 사냥하고 있어 인류의 문명은 아직 굴속에 있을지도 모릅니다.

비켜 맞지 않고 정면으로 충돌했다면, 지구는 운석부터 다시 시작해야 했을 것입니다.

2억 년 가까이 군림했던 공룡시대를 진화 과정의 오류로 오해하는 시각도 있지만, 인간을 위해 석유와 석탄을 만들고 배설물과 사체는 땅을 비옥하게 하였고, 목적을 다한 후 인간 시대를 위해 제거됩니다.

우연히 날아온 소행성이 지구를 평탄하게 다듬어 주고 용도를 다한 공룡류는 멸절시키면서도 포유류는 남겨준 이 고마운 사건은 **우연을 가장한 정교한 창조 과정**이 아닐 수 없습니다.

The fool says in his heart There's no GOD
- PSALM 14:1 -

인간 시대 생활환경 조성

4,700만 년 전, 지구의 하루가 24시간이 되는 데 큰 역할을 한 달이 지구와 멀어져 바람과 파도도 잔잔해지고, 기온 평균은 24도로 지금의 지구와 비슷한 환경이 됩니다.

대륙의 판이 또 움직입니다. 인도가 북쪽 아시아판으로 향해가며 부딪혀 두 판이 모두 뒤틀립니다. 광대한 산맥이 솟아오르며 히말라야산맥이 되고 에베레스트산도 생깁니다. 이곳의 만년설이 녹으며 인더스강, 갠지스강이 흐르고 티베트와 황투고원에서는 양쯔강, 황하 등이 발원하여 미래에는 지구 인간의 절반을 먹여 살리게 됩니다.

인류의 조상 출현

2,000만 년 전, 모든 대륙과 바다가 지금과 같아집니다. 아직 인간은 없습니다.

320만 년 전, 드디어 에티오피아에서 인류 조상의 화석 Lucy(Homo Erectus)가 발견되었는데, 송곳니가 크고, 엉거주춤 걸으며 뇌 용량이 400cc에 불과했습니다. 그러나 원숭이로 오해하지 마시기 바랍니다. 인간은 원숭이에서 진화된 것이 아니고, 처음부터 원숭이와는 전혀 다른 계보에서 진화해 왔습니다.

150만 년 전, 아프리카 동부 해안에서 발견된 인간은 완전히 두 발로 걷기 시작합니다.

7만 년 전, 지형이 다시 바뀌고 기후도 변했습니다. 해수면이 낮아지고 아프리카와 아라비아 사이가 13km로 좁아지고 걸어서 건널 수 있을 만큼 얕아졌습니다. 이제 현 인류(호모사피엔스, Homo Sapiens)가 나타납니다. 이들은 이 얕은 바다를 건너 각 대륙으로 흩어졌습니다.

인간의 지능이 높아지고, 자연경관과 생물다양성이 증가

4만 년 전, 호모사피엔스가 유럽에 도착했지만, 유럽은 얼어 있었습니다. 빙하기입니다.

2만 년 전, 북반부의 대부분은 2.5km 두께의 얼음으로 뒤덮이고 바다는 얕아졌습니다.

호모사피엔스는 아메리카대륙으로 이동할 수 있었습니다.

1만 년 전, 빙하는 북극과 남극으로 물러났습니다.

7,000년 전, 유프라테스강과 티그리스강 유역에 인류 최초 메소포타미아 문명이 발생했습니다.

2,000년 전, 드디어 138억 년 이상, 한시도 쉼 없이 세상 창조하신 분의 뜻이 전파됩니다.

과학자들의 호기심을 자아내는 유명한 질문이 하나 있습니다. 그것은 "빅뱅 5분 전"입니다.

시간과 공간과 물질 이전에 무엇이 있었고, 왜, 어떻게 빅뱅을 일으켰나 하는 것입니다.

알 수 없는 이유들과 수없이 많은 선택의 과정에서 '자연이 단 한 번이라도 다른 선택을 했거나, 강약 조절이 달랐거나, 순서가 뒤바뀌었다면' 하는 우리의 가정이 무슨 의미가 있을까요?

그런 경우, 이 우주는 아무도 인식해 주지 않는 '스스로 그러함(自然)'만이 황량한 침묵 속에 떠돌고 있을 것입니다.

여기까지가 단 한 번의 빅뱅으로 시작하여 138억 년 간의 상상하기 힘든 우연과 엄청난 파국으로 현재의 'What a wonderful world'를 만드신 과정입니다.

확률의 게임인 주사위 놀이는 '우연'에 의해 잃기도 따기도 하지만, 수많은 우연과 우연의 중첩으로 이루어진 창조의 과정 138억 년에는 시행착오나 퇴보가 없었으며, 지구 나이 46억 년, 파국과 파국으로 이어졌던 이 험난한 여정은 모두 인간 시대를 위한 기적의 역사였습니다.

이 창조의 과정에 "하나님은 위대하시다"를 함께 외쳐볼까요?